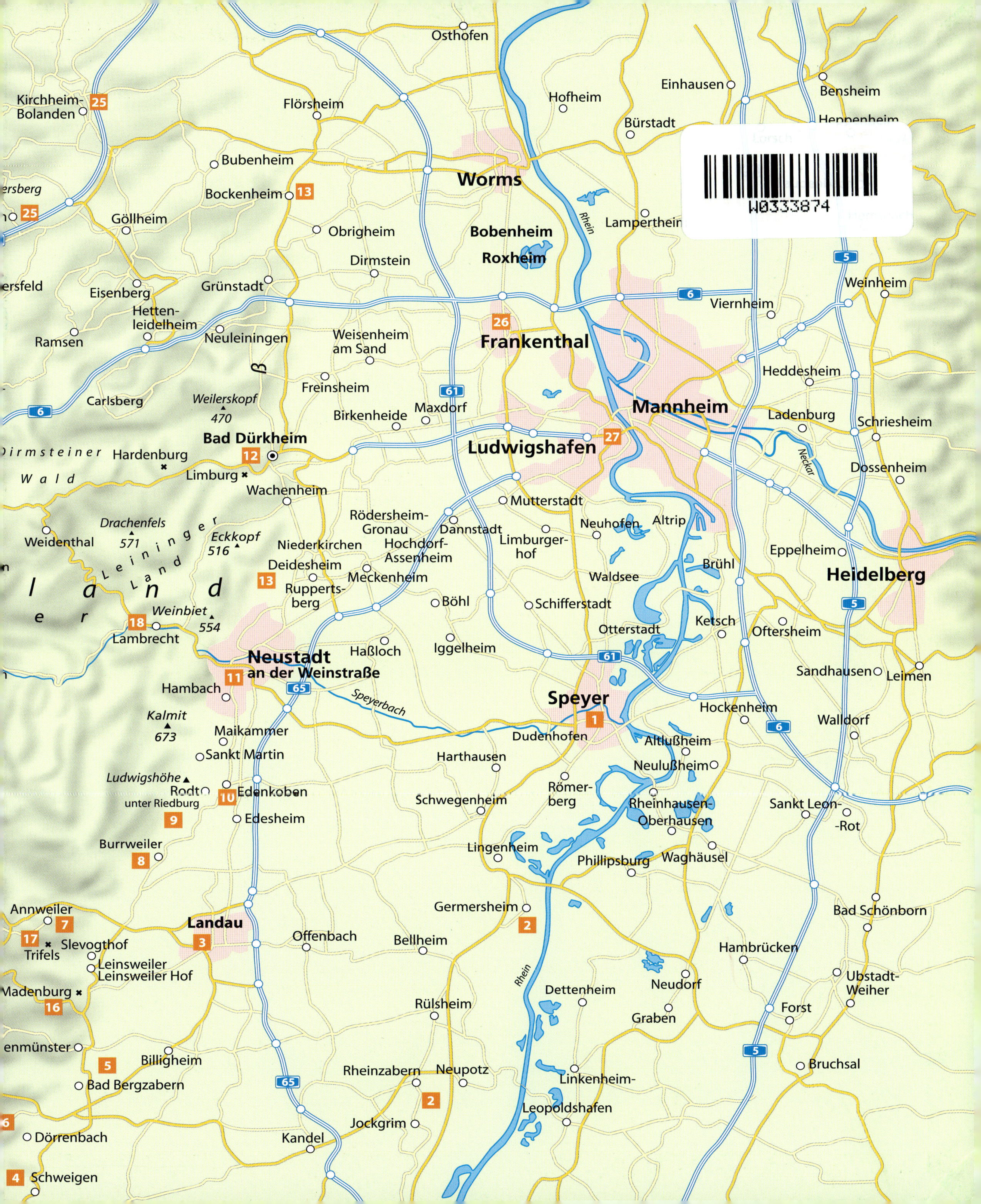

Osthofen
Kirchheim-
Bolanden
25
Flörsheim
Hofheim
Einhausen
Bensheim
Heppenheim
Bürstadt
Bubenheim
Worms
Bockenheim
13
25
Göllheim
Obrigheim
Bobenheim
Roxheim
Rhein
Lampertheim
Dirmstein
Grünstadt
Eisenberg
Hetten-
leidelheim
Ramsen
Neuleiningen
Weisenheim
am Sand
26
Frankenthal
6
Viernheim
Weinheim
Freinsheim
61
Heddesheim
Carlsberg
Weilerskopf
470
Birkenheide
Maxdorf
Mannheim
Ladenburg
Schriesheim
6
Bad Dürkheim
12
27
Hardenburg
Limburg
Ludwigshafen
Neckar
Dossenheim
Wachenheim
Mutterstadt
Rödersheim-
Gronau
Dannstadt
Neuhofen
Altrip
Drachenfels
571
Eckkopf
516
Niederkirchen
Hochdorf-
Assenheim
Limburger-
hof
Eppelheim
Weidenthal
Deidesheim
Meckenheim
Waldsee
Brühl
Heidelberg
13
Rupperts-
berg
Leininger
Land
Böhl
Schifferstadt
Weinbiet
554
Ketsch
Oftersheim
18
Lambrecht
Otterstadt
5
Neustadt
an der Weinstraße
Haßloch
Iggelheim
61
Sandhausen
Leimen
11
Hambach
65
Speyerbach
Speyer
Hockenheim
Kalmit
673
1
Walldorf
6
Maikammer
Dudenhofen
Altlußheim
Sankt Martin
Harthausen
Neulußheim
Ludwigshöhe
Rodt
unter Riedburg
Edenkoben
10
Römer-
berg
Rheinhausen-
Oberhausen
Sankt Leon-
-Rot
Schwegenheim
9
Edesheim
Burrweiler
8
Lingenheim
Philippsburg
Waghäusel
Annweiler
7
Germersheim
2
Bad Schönborn
Landau
3
17
Slevogthof
Trifels
Offenbach
Bellheim
Hambrücken
Leinsweiler
Leinsweiler Hof
Neudorf
Ubstadt-
Weiher
Madenburg
16
Rhein
Dettenheim
Rülsheim
Graben
Forst
Billigheim
5
Bad Bergzabern
Rheinzabern
Neupotz
Bruchsal
65
Linkenheim-
Leopoldshafen
2
Jockgrim
Dörrenbach
Kandel
4
Schweigen

W0333874

PFALZ

Wo es am schönsten ist

SEHEN ERLEBEN GENIESSEN

PFALZ

Wo es am schönsten ist

Jürgen Krüger

BRUCKMANN

Inhaltsverzeichnis

Barocke Pracht – wie hier das Gartentor des Schlosses in Kirchheimbolanden – ist eher selten (oben). Nahe Edenkoben befindet sich der älteste Weinberg Deutschlands (Mitte). Der historische Marktplatz ist das Herz von Neustadt an der Weinstraße (unten), doch auch die kleinen Gassen der Stadt mit ihren Fachwerkhäusern haben Charme (linke Seite).

Wo die Pfalz am schönsten ist

Hört man den Namen Pfalz, kreisen die Gedanken sofort um Wald und Wein, um Staufer und Burgen. Ein schönes, geschichtsträchtiges und sagenhaftes Stück Deutschland also. Doch so einfach ist es dann wieder auch nicht. Schließlich gehören auch Pirmasens und Kaiserslautern dazu, ebenso das moderne Ludwigshafen am Rhein. Was also ist die Pfalz, was macht sie aus?

Fast wie ein Triumphbogen wirkt das Weintor am Beginn der Deutschen Weinstraße in Schweigen-Rechtenbach (oben). Idylle an den Hängen des Pfälzerwaldes: In Rhodt unter Rietburg kreist alles um Wein (Mitte).
Nur wenig abseits der Weinstraße im Pfälzerwald verborgen liegt der Königsbruch bei Fischbach (unten).

Als sich 1843 bayerische Forstbeamte beim Johanniskreuz trafen und ihre Reviere definierten, da wurde der Wald, in dessen Mitte sie sich befanden, »Pfälzerwald« genannt. Und von Bayern aus gesehen kam man erst in die Vorderpfalz, die Rheinebene, und dann in die Hinterpfalz. Diese Sicht des 19. Jahrhunderts, als die Pfalz eben bayerisch war, hat sich bis heute in vieler Hinsicht gehalten. Immerhin wurde das Gebiet als Ganzes bestimmt, während es heute oft andersherum heißt: Die Pfalz liegt östlich vom Saarland, westlich vom Rhein, nördlich vom Elsass und südlich von Rheinhessen. Wenn man die Menschen dieser Regionen betrachtet, merkt man, wie nah sie sich wirklich sind, die von Saarbrücken und Zweibrücken, die von Ludwigshafen und Mannheim …

Natur und Industrie

Die Pfalz ist Natur. Sie besitzt das größte zusammenhängende Waldgebiet Deutschlands, sie hat einen riesigen, wohlbestellten Garten, den die Deutsche Weinstraße erschließt. Aber sie hat auch Hightech-Standorte wie BASF in Ludwigshafen, Mercedes-Benz in Wörth, die Schuhindustrie in Pirmasens und die größte US-Airbase Europas. Und sie ist nicht unbedingt ein wohlhabendes Land. Die Kriege haben das Land zerstört, Tausende sind in den vergangenen Jahrhunderten ausgewandert.

Die reiche Pfalz

Trotzdem ist die Pfalz ein reiches Land. Das beginnt bei den Menschen, die sich ihr fröhliches Naturell erhalten haben. Überall begegnet man den freundlichen Pfälzern, die gern feiern, gut essen und trinken und dies alles gern mit den Fremden teilen.
Der Reichtum der Region besteht natürlich auch in seiner Geschichte. Von geheimnisvollen keltischen Steinkreisen über die Rittersleute des Mittelalters bis zu den Heroen des Betzenberges reicht die Geschichte. Seine Lage als Grenzland war dem Land oft eine schwere Bürde. Immer wieder wurden Kriege geführt, Festungen angelegt. Landau war die größte Festungsstadt – Frankreichs! In moderner Zeit haben Bunkersysteme – der Westwall – den Wald ausgehöhlt. Vielleicht ist deshalb das Land weniger industrialisiert worden. Auf lange Sicht gesehen wurde dies zum großen Pluspunkt der Region: Im Obst- und Weingarten im Rheintal befinden sich die schönsten Dorf- und Städteanlagen, die viel von ihrer Ursprünglichkeit bewahrt haben und dem Touristen eine lebendige Vielfalt bieten. Regionale Produkte werden heute wieder geschätzt. Nicht nur der

Wein, der inzwischen eine hervorragende Qualität erreicht hat. Die Pfalz als »Land der Grumbeere«, der Kartoffel, und vieler Obst- und Gemüsesorten avancierte zur »Toskana Deutschlands«, weil Natur und Gaumenfreuden so gut harmonieren.

Renaissance des Waldes

Der Pfälzerwald, und dazu sei auch das Nordpfälzer Gebiet gerechnet, fiel in dieser Betrachtung lange ab. Auch in dieser Hinsicht hat sich Erstaunliches getan. Zum einen hat der Wald eine Renaissance erlebt. Wandern gehört zwar zu den traditionellen Vorlieben der Deutschen, ist aber in dieser Region wieder modern geworden, sei es für Familien mit Kindern, für die die burgbestandenen Berge ein Paradies sind, sei es in seinen modernen Varianten mit GPS oder Mountainbikes.

In den letzten Jahren wird der Wert einer intakten Natur wieder mehr geachtet, und so hat der Naturpark Pfälzerwald mit seinen Biosphärenreservaten eine deutliche Aufwertung erfahren. So kann durchaus für die ganze Region stehen, was ursprünglich mehr auf die Weinregion gemünzt war. Alles, was hier gepflegt wird – gutes Essen und Trinken und die Fröhlichkeit der Menschen –, macht die Gegend attraktiv: »Fröhlich Pfalz, Gott erhalt's!«

WEITERE INFORMATIONEN

Informationen zur Tourismusregion Pfalz:
www.pfalz.de
Weinanbaugebiet Pfalz:
www.deutscheweinstrasse-pfalz.de

Der Bismarckturm in Landstuhl bietet einen herrlichen Panoramablick über den Pfälzerwald (oben).
Die Gemeine Eselsdistel ist an vielen Stellen im Pfälzerwald anzutreffen (unten).
Das Hotel Deidesheimer Hof am Marktplatz von Deidesheim – attraktive Lage an attraktivem Ort (links).

Romanik in Reinform – in der Luftaufnahme wirkt die Staffelung des Speyerer Doms überwältigend (oben).
Die Maximilianstraße ist Speyers gute Stube (unten).
Trotz seiner langen Baugeschichte wirkt das Innere des Speyerer Doms heute sehr harmonisch (rechte Seite oben). Stille Momente im Dom (rechte Seite unten).

1 Speyer

Schmuckstück mit Kaiserdom

Speyer gehört zweifellos zu den attraktivsten Orten der Pfalz. Alles ist hier im Einklang und in reichem Maße vorhanden: einmalige Monumente der Geschichte, ein pulsierendes Einkaufszentrum, gemütliche Cafés und Restaurants. Dazu die Herzlichkeit und Gastfreundlichkeit der Einwohner, gepaart mit gutem Essen und edlen Getränken. Hier fühlt sich der Besucher auf Anhieb wohl.

Fragt man nach einem historischen Zentrum der Pfalz, fällt die Antwort nicht leicht, aber in Speyer spürt man Geschichte, zumindest die der letzten 1000 Jahre, auf Schritt und Tritt. Denn im Jahr 1024 wurde Konrad, Graf im Wormsgau und Speyergau (um 990–1039), zum König gewählt und bestieg wenig später als Konrad II. den Kaiserthron. Unmittelbar nach seiner Königserhebung legte er hier im Jahr 1030 den Grundstein für den neuen romanischen Dom, der auch heute noch zu den größten Kirchenbauten der Christenheit zählt. Die bis dahin bescheidene Siedlung mit keltischer und römischer Vergangenheit, auf einem Geländesporn über dem Rhein gelegen, avancierte nun zu einer kaiserlichen Metropole und Reichsstadt. Sie erlebte zahlreiche Reichstage und wurde ein Schauplatz der Weltgeschichte, die sich, wenn man die Maximilianstraße entlangpromeniert, erleben lässt.

Größter Kirchenbau der Christenheit

Im Jahr 1030 wurde er begonnen, um 1125 im Wesentlichen vollendet. Es ist nicht nur die Größe – er ist mit 134 Metern Länge der größte noch existierende Kirchenbau der romanischen Epoche –, die ihn so anziehend macht, nennenswert sind auch seine besondere technische Ausführung und Ausstattung. In zwei großen Etappen wurde der Bau ausgeführt, die erste endete mit der Weihe 1061. Nur wenige Jahre später, vermutlich nach dem berühmten »Gang nach Canossa« im Jahr 1077, wurde der Dom wieder Baustelle! Diesmal, um Hauptschiff und Querschiff mit Gewölben zu versehen. Dadurch erhielt das Kircheninnere sein rhythmisch fein gegliedertes Pfeilergerüst, und die Gewölbe, die mit breiten Rippen hergestellt wurden, waren die ersten ihrer Art. Beides sind Zeugnisse eines hoch innovativen Fortschritts der mittelalterlichen Bautechnik, wichtige Etappen auf dem Weg zur Gotik. Zugleich arbeiteten lombardische Steinmetze aus der Gegend des Comer Sees am Außenbau, auf sie gehen die fein gestalteten Fenstergewände und die Ziersäulen unter der Dachtraufe zurück.
Die originale Ausstattung des Inneren ist weitgehend verloren, erhalten geblieben sind jedoch die Kaisergräber der salischen Kaiser, also von Konrad II. (1039), Heinrich IV. (1111) und Heinrich V. (1125). Bis König Albrecht von Habsburg (1309) geht die Reihe. Mit den Habsburgern, die aus dem schweizerischen Aargau und dem Elsass stammen, verlagerte sich der Machtschwerpunkt des Reiches im Spätmittelal-

Mehr als 70 Jahre nach der Zerstörung der alten Synagoge 1938 wurde am 9. November 2011 in Speyer wieder eine Synagoge eröffnet, die mit ihrer klaren Architektur besticht (oben und unten).

ter allerdings nach Wien. Weil aber die Gräber der Stauferkaiser in Palermo liegen bzw. nicht existieren (Friedrich Barbarossas Leichnam wurde nach seinem tragischen Tod in der Südtürkei nach Tyrus gebracht und ist seither verschwunden), stellt der Speyerer Dom die einzige größere Kaisergrablege in Deutschland dar. Somit ist er ein Nationalmonument wie die Westminster-Abtei in England oder St. Denis in Frankreich.

Diese nationale Komponente wurde im Laufe der späteren Geschichte immer wichtiger – nach dem Pfälzischen Erbfolgekrieg (1689–1693) lag der Dom zur Hälfte in Trümmern. Seine heutige, fast perfekt rekonstruierte Form erhielt der Dom im 19. Jahrhundert auf Wunsch des neuen Landesherren, von König Ludwig I. von Bayern, der den Wiederaufbau und eine neue Ausschmückung anordnete. Der badische Architekt Heinrich Hübsch schuf das romantisch anmutende Westwerk und der Oberstdorfer Johann Schraudolph den bedeutendsten Zyklus nazarenischer Malerei, insgesamt 123 Gemälde, von denen die meisten in einem Akt puristischer Denkmalpflege wegen der erneuten Restaurierung nach dem Zweiten Weltkrieg abgenommen wurden. Erst jüngst wurden wenige von ihnen, darunter die Ausmalung der Apsis, auf der Empore des Westwerks wieder ausgestellt, was nun einen mehrfachen Genuss bietet: Man kann nicht nur die Gemälde des Spätnazareners aus der Nähe betrachten, man wird zugleich von den Westtürmen aus mit dem schönsten Blick über die Stadt und ihr Umland belohnt.

Das jüdische Viertel

Schon am Ende des 11. Jahrhunderts wurden Juden in Speyer angesiedelt, ganz nah am Dom. Zusammen mit den jüdischen Gemeinden von Worms und Mainz gehörten sie zu den ältesten in Mitteleuropa und besaßen für die Entwicklung des Handels und der Geistesgeschichte große Bedeutung. Sie standen unter dem besonderen Schutz des Bischofs, was sie jedoch nicht vor Pogromen und Zerstörung im späteren Mittelalter schützte, besonders nach der Pest von 1348.

Von der Synagoge stehen noch die Außenmauern aus dem 12. und 13. Jahrhundert. Die Gemeinde muss stattlich gewesen sein, wie an den Mauerresten zu erkennen ist. Allen Zerstörungen getrotzt hat die Mikwe, das jüdische Ritualbad. Die jüdischen Gesetze fordern die regelmäßige körperliche Reinigung in fließendem Wasser, deshalb wurde ähnlich einem Brunnen ein Schacht bis auf den Wasserspiegel des Rheins gegraben, zu dem eine breite Treppe hinabführt. Ein Podest auf halber Höhe bot Platz zum Entkleiden. In Speyer hat sich die wohl prachtvollste mittelalterliche Mikwe Europas erhalten.

Protestanten in Speyer

Neben den Stätten der Reformation in Mitteldeutschland spielen Worms und Speyer eine gewichtige Rolle. Am 31. Oktober 1517 hatte Martin Luther in Wittenberg seine 95 Thesen publiziert; das war Anlass – nicht alleiniger Grund – zu großen Unruhen im Reich, das zwischen Anhängern der traditionellen katholischen Lehre und Luthers reformierter Lehre tief gespalten war. Auf dem Reichstag zu Worms 1521 war Luther exkommuniziert und für vogelfrei erklärt worden, was die Auseinandersetzung aber nicht beendete, sondern im Gegenteil radikalisierte. Acht Jahre später protestierten die evangelischen Reichsstände in Speyer gegen das

Verbot von Luthers Lehre – die Bezeichnung »Protestanten« war geboren. Allgemein ist das Wort heute etwas aus der Mode gekommen; hier lebt es aber noch fort, bis hin in die Bezeichnung »Evangelische Kirche der Pfalz (Protestantische Landeskirche)«.
Luthers Lehre hatte auch in Speyer schnell Fuß gefasst. Nach dem Pfälzer Erbfolgekrieg wurde 1701–1707 die evangelische Dreifaltigkeitskirche als lutherische Stadtpfarrkirche errichtet. Mit ihrer reichen Ausmalung an den Emporenbrüstungen und am hölzernen Gewölbe gehört sie zu den bedeutendsten protestantischen Kirchenbauten des 18. Jahrhunderts.
Die Gedächtniskirche der Protestation (1893–1904) hat andere Wurzeln, sie ist nicht Pfarrkirche, sondern will Denkmal sein für den wichtigen Reichstag zu Speyer, der der evangelischen Sache zum Überleben verhalf. Überaus prächtig steht sie in ihrem neogotischen Gewand am anderen Ende der Altstadt, dem romanischen Dom mit spitzem Turm wie mit einem mahnenden Zeigefinger antwortend. Das Innere ist in das farbige Licht der Glasfenster getaucht, biblische Szenen, Luthers Leben und eine kleine Wappenkunde der wichtigsten evangelischen Fürsten und Städte geben dem Betrachter manche »Nuss« zum Nachdenken. In der Vorhalle steht Luther auf hohem Podest: »Hier stehe ich, ich kann nicht anders.« Seine Worte, 1521 in Worms gesprochen, offenbaren gerade in der Denkmalstadt Speyer, dem kaiserlichen Dom gegenüber, ihren tieferen Sinn.

Leben in der Stadt

Die Stadt liegt zu Füßen des Domes, von ihm führt die Maximilianstraße zum Altpörtel, dem westlichen Stadttor. Im 11. Jahrhundert war die Straße in dieser Form und Breite angelegt worden, als Prozessionsstraße zum alles beherrschenden Dom. Heute bildet sie den idealen Rahmen für die modernen Prozessionen, aber auch für Schaufensterbummel, Straßencafés und Märkte. Hier und in den Seitenstraßen ha-

Am Altpörtel, dem alten Stadttor der Reichsstadt, endet die Fußgängerzone der Stadt (oben).
Im Schatten des Domes laden Biergärten und Cafés zum Verweilen ein (unten).
Im »Hasenpfuhl« unterhalb der Einkaufsstadt mutet Speyer richtig romantisch an (links).

burgfeld
SCHULMANUFAKTUR

ben manche alten Gasthäuser und italienische Eisdielen überlebt, junges und altes Kunsthandwerk hat sich angesiedelt, jüngere Weinhandlungen bieten eine Auswahl aus den Pfälzer Weinbergen.
Den Charme der modernen und doch traditionsbewussten Fußgängerzone hat die Maximilianstraße vor einem Vierteljahrhundert zurückgewonnen, als zur 2000-Jahr-Feier der Stadt die Straße autofrei wurde.
Damals wurden auch die Brezelhäuschen in der Straße modernisiert, die seit jeher die Straße säumen. Gemäß alter Überlieferung sollen in Speyer die Brezeln erfunden worden sein, doch ein Beweis steht aus. Das Wort leitet sich wohl vom lateinischen *brachium* (Arm) ab, und tatsächlich kann man in der Form der Brezel verschlungene Arme erkennen. Aber diese Bezeichnung war im ganzen süddeutschen Raum üblich, sodass kaum einer Region der Vorzug gegeben werden kann. Die älteste bekannte Darstellung findet sich in einer elsässischen Handschrift des 12. Jahrhunderts, dem *hortus deliciarum*. Die Speyerer Spur bleibt damit reichlich diffus, aber eines ist klar: Die Speyrer Brezel ist keine bayerische Brezel, auch wenn die Bayern (die bayerischen Könige respektive Regierung) lange hier waren und wenn die Erfindung des Speyerer Brezelfestes – alljährlich am 2. Juliwochenende – just in die bayerische Epoche fällt. Abseits der Hauptstrooß geht es vom Dom in zwei Richtungen, nach Süden zu den Museen: dem Historischen Museum der Pfalz und zum Technik-Museum, wo für Alt und Jung alles »im Angebot« ist. Wer es beschaulicher liebt, geht nach Norden den kleinen Abhang hinunter zum Hasenpfuhl, wo die Zeit stehen geblieben scheint.

WEITERE INFORMATIONEN

Historisches Museum der Pfalz:
www.museum.speyer.de
Technik-Museum Speyer:
www.speyer.technik-museum.de
Tourist-Info Speyer:
www.speyer.de

MUSEENVIELFALT IN SPEYER

Die Museen, die sich sämtlich südlich des Domes konzentrieren, decken eine riesige Spannweite an Themen ab. Das Historische Museum der Pfalz bietet in seiner Dauerausstellung den wohl besten Überblick über die Geschichte in der Pfalz, von der Vorgeschichte über Kelten und Römer bis zur Moderne. Auch die meisten Ausgrabungsfunde, inklusive der Artefakte aus den Kaisergräbern des Domes, werden hier gezeigt. Stärker der Moderne verpflichtet ist das Technik-Museum Speyer, das der aus Brackenheim stammende Erfinder Eberhard Layher 1991 als zweiten Standort einrichtete. Das Hauptgebäude bildet die Liller Halle, die deutsche Truppen im Ersten Weltkrieg nach Speyer brachten, wo sie als Produktionshalle für die Pfalz-Flugzeugwerke diente. In der Halle und auf den Außenflächen werden vor allem Schiffe, Flugzeuge und Objekte der Weltraumfahrt ausgestellt.

Der Stadt ist die Brezel seit über 100 Jahren ein eigenes Brezelfest wert, das unzählige Teilnehmer anzieht (linke Seite).
Im Innenhof des Historischen Museums der Pfalz findet man zwischen den Abteilungen etwas Ruhe (oben).
Hauptattraktion des Technik-Museums in Speyer sind die Flugzeuge und Raumkapseln, die auch betreten werden können (links).

Speyer ist bei den aktuell sehr gefragten Flussschifffahrten eine ideale Anlegestelle.

Der »Goldene Hut« aus der Bronzezeit wurde auf einem Feld nahe Schifferstadt gefunden (oben). Das Weißenburger Tor der einstigen Festungsstadt Germersheim (unten). Im Sommer sticht bei Neupotz die »Lusoria Rhenana«, der originalgetreue Nachbau eines Römerschiffs, in See (rechts oben). Fischadler bei einem Beuteflug in einer Rheinaue (rechts unten).

2 Am Rhein entlang

Zwischen Idylle und Industrie

Von allen Landschaften der Pfalz hat der Landstrich entlang des Rheins in den letzten 200 Jahren wohl die größten Veränderungen erfahren, durch die Rheinbegradigung. Zwischen den zunächst zögerlich wachsenden Industriestädten entstanden landschaftlich reizvolle Rückzugsgebiete, die auch heute noch ziemlich unbekannt sind und entdeckt werden wollen.

Ab 1817 machte sich der badische Ingenieur Johann Gottfried Tulla an seine größte Aufgabe, die Rheinbegradigung. Zwischen Basel und Mainz wand sich der Strom in vielen Schlingen träge dahin und stellte zugleich ein großes Hindernis dar. Durch die Begradigung entstand ein gleichmäßig 200 Meter breites Flussbett, ideal für die einsetzende Schifffahrt. Zugleich bildete sich am Oberrhein zwischen den Altarmen und Restseen eine beeindruckende Auenlandschaft. Dank ihrer Lage auf einem Felssporn liegen einzelne Orte wie Jockgrim dicht am Fluss, die anderen halten wegen der Hochwassergefahr eine gewisse Distanz. Und doch reichte die Kulturlandschaft schon von alters her bis dicht ans Ufer, besonders ausgeprägt zur Römerzeit. Hart am westlichen Rheinufer verlief die militärisch wichtige Römerstraße Mainz–Straßburg–Basel. In Rheinzabern, dem antiken Tabernae, wurde die beste Tonware weit und breit hergestellt. Unglaubliche Schätze gab der Boden nahe dem Rhein preis. Nahe Schifferstadt wurde ein keltischer »Goldener Hut« gefunden, bei Neupotz der größte Metallhortfund der Römerzeit in Europa: 700 Kilogramm metallische Gegenstände, die die Alemannen wohl im 3. Jahrhundert erbeutet hatten.

Moderne Zeiten

Die Neuordnung Europas nach dem Wiener Kongress machte es notwendig, die Territorien besser zu verteidigen. In Germersheim entstand eine Festung mit mächtigen Bastionen nach neuester Militärtaktik. Doch schon bei Fertigstellung hatte sich die Waffentechnik derart weiterentwickelt, dass die Festungsmauern zu schwach waren. Vollends überflüssig wurde die Festung nach dem Deutsch-Französischen Krieg 1870–1871, als die Grenze 100 Kilometer weiter nach Westen rückte. Ein geschichtsträchtiges Vergnügen stellt eine Fahrt mit der »Lusoria Rhenana« auf einem Altrheinarm bei Neupotz dar. Das römische Kriegsschiff wurde von einem Team der Universität Trier rekonstruiert.

In vielen Orten noch anzutreffen sind die hölzernen Tabaktrockenschuppen. Doch inzwischen hat sich das Bild nochmals gewandelt. Seit Mercedes in Wörth das modernste und größte Lkw-Produktionswerk der Welt aufgebaut hat, ist die Landwirtschaft zum Nebenerwerb geworden.

WEITERE INFORMATIONEN

Lusoria Rhenana:
www.neupotz.de

Der Innenhof und ein Gastraum des dreistöckigen Frank-Loebschen-Hauses, das zu den stimmungsvollsten Gasthäusern in Landau gehört (oben und unten). Besonders schön zur Kirschblüte: der großzügige Marktplatz in Landau. Im Hintergrund das Alte Kaufhaus (rechts).

3 Landau

Pulsierendes Zentrum der Südpfalz

Der weitläufige Wochenmarkt am Samstag verleiht Landau das großzügige Flair einer naturverbundenen und jungen Universitätsstadt. Hinter dem geschäftigen Treiben verbirgt sich eine ganze Reihe von Schmuckstücken, die es erst noch zu entdecken gilt. Als Zentrum der Südpfalz hat sich Landau in den letzten Jahren erstaunlich gut entwickelt.

Bereits im Mittelalter hat Landau die Markt- und Stadtrechte erhalten, ihre Prägung erhielt die Stadt erst im 17. und 18. Jahrhundert. Nach dem Dreißigjährigen Krieg gehörte Landau zur elsässischen Dekapolis, zum Zehnstädtebund, und mit dem Elsass geriet die Stadt immer stärker unter französische Hoheit. Mit Ludwig XIV. wurde Landau französisch und blieb es, mit blutigen Episoden zwischendurch, bis zu den Napoleonischen Kriegen. Der französische Festungsbaumeister Vauban machte Ende des 17. Jahrhunderts aus ihr eine Festung wie viele andere an Frankreichs neuen Grenzen. Davon künden Reste der Zitadelle, zwei gewaltige Stadttore mit dem Emblem des Sonnenkönigs und der Exerzierplatz in der Mitte, der im 19. Jahrhundert zum Marktplatz mutierte. Vor allem in der Gründerzeit blühte Landau als Provinzverwaltungsstadt auf, wovon die Stadt heute noch profitiert. Was die Stadt jung und dynamisch hält, sind zwei Faktoren: Die kleine Universität, die aus einer Pädagogischen Hochschule erwachsen ist, gewinnt Profil und lockt die Jugend an, und die ganze Region, die einem gewissen alternativen Wohlstandstourismus frönt, findet in Landau alles an Lebensqualität, was das Herz begehrt.

Ein Rundgang

Im geschäftigen Treiben führen die Kulturdenkmäler ein Schattendasein. Doch schon am Marktplatz ragt der Treppengiebel des Städtischen Kaufhauses hervor, das zwar im 19. Jahrhundert in starkem Maße restauriert wurde, aber doch im Kern eben auf das mittelalterliche Kaufhaus hinweist, auf ein wesentliches Element städtischen Lebens jener Zeit. Die große Halle wird heute für städtische Events und Veranstaltungen genutzt. Hinter dem Kaufhaus verbergen sich zwei Kleinode. Die Katharinenkapelle besitzt in ihrem Chor einen Wandmalereizyklus mit der Darstellung des Leidens Jesu in äußerst drastischer Weise. Juden, erkenntlich an dem spitzen Hut, schwingen die Marterwerkzeuge. Die Malereien, erst in den 1960er-Jahren aufgedeckt, sind ein in dieser Form seltenes Zeugnis der Judenpogrome, wie sie im 14. Jahrhundert, vor allem nach der Pest 1348, entstanden sind. Just gegenüber steht das Frank-Loebsche-Haus, das bis auf das Spätmittelalter zurückgeht. Hier wohnte Zacharias Frank, ein Urgroßvater Anne Franks. 1987 von der Stadt erworben, ist es heute eine wichtige Begegnungsstätte mit Ausstellungen und kleinem Wirtsbetrieb.

Passage am Markt

Landau verdankt seine festgefügte städtisch wirkende Bausubstanz dem Umstand, dass die Altstadt mit einer Ringstraße eingefasst wurde. Die gab es vielerorts, bloß hier blieb sie ziemlich unverfälscht erhalten! Prächtige gutbürgerliche Häuser, Amtsgebäude und Villen mit Erkern und Giebeln führen rings um Landau herum. Ein Vergleichsbeispiel gibt es noch, freilich in anderem Maßstab und weit weg: die Wiener Ringstraße. Im Zuge dieser Planungen erhielt Landau sein schönstes Jugendstilgebäude, die Festhalle, die nach der letzten Renovierung ihre Schönheit zurückgewonnen hat.
Durch die eingemeindeten Dörfer ringsum ist Landau heute die größte Wein anbauende Gemeinde Deutschlands geworden. Dazu gehört auch der Weinort Nussdorf, im Norden der Stadt, bekannt dadurch, dass hier am Kirchweihsonntag 1525 der Pfälzer Bauernkrieg ausbrach. Gegenüber der Kirche ist in einem um das Jahr 1500 erbauten Haus eine kleine Ausstellung eingerichtet worden. Ansonsten ist der Ort bekannt durch seinen Wein und – sein Öl! Und zwar Erdöl, das in geringen Mengen mit sogenannten Pferdekopfpumpen mitten in den Weinfeldern gefördert wird.
Im Jahr 2015 erhält Landau endlich auch seine Landesgartenschau. Endlich, weil diese bereits für 2014 geplant war und wegen des Fundes zahlreicher Bomben aus dem Zweiten Weltkrieg verschoben werden musste.

WEITERE INFORMATIONEN

www.landau-tourismus.de
www.suedpfalz-draisine.de
(Bornheim bei Landau)
www.draisinentour.de (Altenglan bei Kusel)

ALTE BAHNGLEISE – NEUE NUTZUNG

Was tun mit alten Gleisen? Die ländlich strukturierte Region besaß viele Bahn-Nebenstrecken, die in den letzten Jahrzehnten stillgelegt wurden. Statt sie verrotten zu lassen, gab es einige pfiffige Ideen. Solche Strecken mit weiten Kurven und mäßigen Steigungen sind ideal für sportlich-touristische Nachnutzungen, befanden die Tourismusmanager. Einige Bahnstrecken wurden asphaltiert und mutierten zu idealen Fahrradrouten. Andere wurden belassen, statt schwerer Waggons wurden leichte Draisinen auf die Gleise gesetzt! Kindern und Jugendlichen macht die Strampelfahrt ebenso Spaß wie Senioren. Pro Draisine können Kleingruppen von ca. 5–7 Personen sitzen oder strampeln, es gibt genügend Ausweichstellen, sodass die Genussfahrer überholt werden können. Am Ende lockt ein Rastplatz, dann geht's wieder zurück. In Bornheim nahe Landau beginnt eine Strecke, eine zweite wurde bei Kusel präpariert.

Viele Arbeiten in den Weinbergen rund um Landau müssen noch von Hand vorgenommen werden (linke Seite). Hier wird mancher Kindertraum wahr: eine Draisinenfahrt bei Landau (oben).
Die Festhalle der Stadt ist nach ihrer jüngsten Restaurierung wieder ein Schmuckstück geworden (links).

Das beinahe mediterrane Klima der Pfalz lässt köstliche Tropfen heranreifen (oben). Die Deutsche Weinstraße – eine der ältesten touristischen Straßen im Land – ist kaum zu verfehlen (unten). Besonders im Spätsommer ein herrlicher Anblick: die Weinberge bei Burrweiler (rechts).

4 Deutsche Weinstraße

Die deutsche Toskana

Wein und Auto, wie passt denn das zusammen? In der Pfalz ist vieles möglich, aber doch in einem anderen Sinne. Es war eine gute und folgenreiche Geschäftsidee, die 1935 geboren wurde: Eine 85 Kilometer lange pittoreske Straße erschließt heute das zweitgrößte deutsche Weinaugebiet! Und inzwischen hat sich der Gegensatz gemildert, dank des immer mehr in Mode kommenden sanften Tourismus.

Von Schweigen-Rechtenbach an der Grenze zum Elsass bis nach Bockenheim am Übergang nach Rheinhessen führt die Deutsche Weinstraße, 85 Kilometer immer in nördlicher Richtung. Vom Pfälzerwald im Westen fällt das Land im Süden mal sanfter, im Norden etwas schroffer nach Osten zur Oberrheinischen Tiefebene ab, und genau am Fußpunkt, jedem Taleinschnitt folgend, schlängelt sich die Deutsche Weinstraße entlang. Im Schutz der Berge werden widrige Winde und Wolken abgehalten, die Sonne spendet ihre Kraft. Aufgrund des Klimas ist der ganze Landstrich ein einziger Garten, südliche Früchte – Esskastanien, selbst Zitronen – gedeihen und machen aus der Region die wärmste Deutschlands. Die »deutsche Toskana« wird das Gebiet liebevoll genannt, nicht nur wegen des Klimas, sondern auch wegen der geradezu südländischen Leichtigkeit und Heiterkeit der Bewohner. Doch so selbstverständlich ist die Geschichte dieses Gartens Eden nun doch nicht.

Ein wenig Historie

Nach dem Ersten Weltkrieg ging es den Winzern der Region nicht gut. Das Land war bis 1930 von Frankreich besetzt. Der Handel mit dem deutschen Reichsgebiet war kaum möglich, Pfälzer Wein in Frankreich abzusetzen noch weniger. Nach dem Ende der Besatzung ließ die Normalisierung auf sich warten, im Gegenteil: eine Rekordernte im Jahr 1934 vergrößerte die Not, denn die Preise fielen in den Keller.
In dieser Situation half die NS-Politik, die es verstand, Tourismus und Weinabsatz anzukurbeln. Nach dem Muster der Deutschen Alpenstraße, die bereits 1927 eingerichtet worden war, wurde 1935 die Deutsche Weinstraße geschaffen. Der Aufwand war minimal: Die Straßen bestanden ja bereits und mussten nur an kleinen Stellen repariert werden. Zu einem eigenen Bewusstsein trug vielmehr bei, dass alle an der Route gelegenen Orte nun ihre Durchfahrtsstraßen in »Weinstraße« umbenannten. Anfang und Ende der Deutschen Weinstraße wurden durch Tore – zunächst aus Holz und Pappe – markiert; der Zusatz »An der Weinstraße« wurde ein Ortsqualitätsmerkmal wie beispielsweise »Kabinett« bei den Weinen.
Mit der Deutschen Weinstraße wurde ein neues Kapitel des Tourismus aufgeschlagen. In den 1930er-Jahren folgten noch drei weitere Touristenrouten, und erst nach dem Zweiten Weltkrieg kam der

Das Haus der Deutschen Weinstraße in Bockenheim, das Pendant zum Weintor im Süden (oben). Das Mühlenmuseum in Großkarlbach besitzt noch weitgehend seine originale Einrichtung (Mitte). Ein typischer Hof an der Deutschen Weinstraße (unten). Kutschfahrt zwischen den Weinbergen (rechts oben).

steile Aufstieg dieser Art gemeinsamer Werbestrategie.

Wie Perlen an einer Schnur

Hart an der elsässisch-deutschen Grenze liegt der kleine Ort Schweigen, der 1936 sein demonstratives »Weintor« in der unverwechselbaren Architektursprache der neuen Machthaber erhielt, in Sichtweite der französischen Nachbarn. Äußerlich ähneln sich die Orte stark, manches ist den Tourismusmanagern der früheren Zeiten zu verdanken. Beispielsweise wurde gewünscht, dass die Häuser der Weindörfer mit passenden Reben bewachsen wären. Doch in ihrer Substanz haben sie ihre Geschichte und ihre Eigenarten bewahrt, die sich praktisch von Ortschaft zu Ortschaft ändern, so wie die Pfälzer Geschichte eben gelaufen ist.

An dieser Stelle sollen erst einmal die kleineren Perlen hervorgeholt werden, die großen folgen später. Der Doppelort Gleiszellen-Gleishorbach schmiegt sich besonders malerisch zwischen Wälder und Rebhänge, überragt von dem barocken Kirchlein St. Dionysius. Die Winzergasse mit ihren versetzt errichteten Fachwerkhäusern ist Mittelpunkt der traditionellen Weinfeste. Der Ort ist für seinen Gelben Muskateller berühmt, ein Wein, der wegen seiner Frostempfindlichkeit sonst in südlichen Ländern im Mittelmeerbereich verbreitet ist.

Am mittleren Teil der Weinstraße, ein wenig ins Tal der Queich hineingeschoben, liegt der Ort Albersweiler, dessen Geschichte und damit Schicksal durchaus für viele Orte der Region typisch ist. Albersweiler wurde hin und her gerissen, mal war es Besitz von Landau, der aufstrebenden nahen Reichsstadt, dann des Fürsten der Kurpfalz, damals in Neustadt oder auch in Heidelberg zu Hause, später von beiden. Durch Erbteilungen der Pfälzer kam deren Teil an das Haus Löwenstein-Scharfeneck, das zuletzt im fernen Wertheim am Main residierte. Praktisch bedeu-

tete es, dass der Ort meist geteilt war, zwischen politischen Mächten, aber natürlich auch konfessionell, sodass zum Beispiel im Dreißigjährigen Krieg von den schwedischen Truppen 1634 natürlich nur der katholische Ortsteil zerstört und elf Jahre später der andere Teil zerstört wurde. Bei einem solchen Schicksal verwundert es dann doch, dass im 19. Jahrhundert unter bayerischer Herrschaft ein mittelfränkischer Architekt namens August von Voit (1801–1870) sowohl die katholische als auch die evangelische Kirche bauen konnte – für die damalige konfessionell aufgeladene Stimmung ein absolutes Unikum.

Mediterrane Oase

Der benachbarte Weinbauort Gleisweiler war (und ist) durch sein Klima bekannt, das nirgendwo in Deutschland so mild sei, ausgenommen die Insel Mainau im Bodensee. Hier errichtete Ludwig von Klenze, Hofbaumeister von König Ludwig I., für den Landauer Arzt Dr. Ludwig Schneider 1844 die erste Kaltwasserheilanstalt Deutschlands, viele Jahre vor Sebastian Kneipp. Hinter dem vornehmen klassizistischen Sanatorium, dessen Leitung Schneider mehr als 30 Jahre innehatte, befindet sich ein üppiger Park mit Esskastanien, Kamelien, Zypressen, Feigen- und Zitronenbäumen rings um einen gigantischen Mammutbaum. Inmitten der mediterranen Pracht führen Stufen zum romantischen Sonnentempel von 1780, dessen herrliche Lage zu einer Pause verführt. Eine Besonderheit ist die historische Walddusche im Hainbachtal mit frischem Wasser vom Teufelsberg, das den Besuchern zur freien Verfügung steht – wohl bekomm's!

WEITERE INFORMATIONEN

Private Gärten:
www.offenegärten-pfalzundelsass.net
Öffentliche Parkanlagen:
www.deutsche-weinstrasse.de/naturparks-gaerten

WEINBERGE, PARKS UND GÄRTEN

Dass sich bei der Deutschen Weinstraße beinahe alles um Wein dreht, dürfte klar sein. Aber die Route hat noch viel mehr zu bieten. Besonders reizvoll ist sie natürlich im Frühjahr und Herbst mit ihrem Blütenmeer oder verfärbtem Laub. Ob Mandeln oder Esskastanien oder andere Obstbäume, ein Abstecher an einen Hang oder in ein Seitental lohnt sich immer. Weniger bekannt ist, dass neben den Kur- und Stadtparkanlagen auch viele private Gartenbesitzer ihre Tore öffnen und Besucher willkommen heißen. Meist zweimal im Jahr (Juni und September) gibt es einen »Tag der offenen Gärten«, spezielle Gärten zeigen »Kunst im Garten«. »Rund um den Donnersberg« gibt es eigene Termine oder auch zur »Gartendämmerung« mit Kerzenschein und farbenprächtigen Illuminationen! In der Pfalz mit Schwerpunkt auf der Weinstraße befinden sich zurzeit über 60 offene Gärten.

Diese Weinreben bei Deidesheim erstrahlen durch die Rosenstöcke in bunten Farben (oben).
Der Blick auf das Winzerstädtchen Freinsheim ist idyllisch (links).

5 Klingenmünster und Bad Bergzabern

Klöster, Kapellen und Kurbetrieb

Mit Klingenmünster und Bad Bergzabern kommt Historie in die südliche Weinstraße – nicht Jahrzehnte der Tourismusstraße, sondern die Jahrhunderte seit dem frühen Mittelalter. In Klingenmünster begann die klösterliche Erschließung der Region, und Bergzabern entwickelte sich zu einer kleinen Residenzstadt. Heute geht es hier sehr gemächlich zu, kein Wunder, der Kurgast steht im Mittelpunkt.

Der Innenhof der Burgruine Landeck bei Klingenmünster (oben). Die Burgruine Landeck imponiert mit hoch aufragenden Mauern (unten). Burg Landeck liegt malerisch auf halber Höhe, mitten im scheinbar undurchdringlichen Wald am Rande des Pfälzer Waldes (rechte Seite oben). Den Wanderer belohnt der Ausblick auf die Weinstraße und Rheinebene (rechte Seite unten).

Das Kloster, das dem Ort am Klingbach seinen Namen gab, reicht bis ins frühe 7. Jahrhundert zurück und gehört damit zu den ältesten Klöstern in Deutschland. Wahrscheinlich ging es auch zu dieser Zeit schon mehr um Politik als um Glauben, denn Klingenmünster gehörte offenbar zu einer ganzen Reihe von Klöstern, die der Merowingerkönig Dagobert I. am Ostabhang des Pfälzerwaldes und der Vogesen gründete, um sein Reich gegen die Alemannen im Osten zu schützen. Ein Jahrhundert später wurden die iroschottischen Mönche durch Benediktiner ersetzt, die das Kloster vor allem in der Romanik zu neuer Blüte führten, freilich ohne die überragende Bedeutung der benachbarten Abtei St. Peter und Paul in Weißenburg im Elsass zu erreichen.

Auch die Ursprünge von Bad Bergzabern verlieren sich ein wenig im Dunkel der Geschichte. Gerne würde man sehen, dass Römer aus Tabernae, dem heutigen Rheinzabern, den Ort gegründet hätten, der Ort also uralt wäre, doch das ist kaum nachzuweisen. Am Anfang gab es wohl eine Wasserburg, die am Ende des 12. Jahrhunderts unter dem Schutz der Grafen von Zweibrücken stand. Um sie herum entstand die Siedlung, die bald darauf das Stadtrecht erhielt. Ihr regelmäßiges gitterförmiges Straßensystem zeigt, dass Bergzabern zu den planmäßig angelegten Städten jener Zeit gehört.

Klingenmünster: anmutig und romantisch

Aus der Klosterzeit hat sich die romanische Klosterkirche erhalten; auch manchem profanen Gebäude ist anzusehen, dass es einmal zum Klosterdorf gehörte. Im 15. Jahrhundert zog ein Chorherrenstift ein, und 1565 kam mit der Reformation schließlich das endgültige Aus. Seitdem wurde aus dem Klingenmünster ein beschauliches Dorf, »die freundlichste Idylle, die anmutendste Romantik« werden hier geboten, wie es der pfälzische Heimatdichter August Becker (1828–1891) formulierte, dem in seinem Heimatort ein schönes Denkmal mit Brunnen gesetzt wurde. Seinem 1857 erschienenen Buch *Die Pfalz und die Pfälzer* verdankte er den Ruf als einer der Begründer der pfälzischen Volkskunde.

Zur Romantik passt auch, dass im Jahr 2007 dank eines rührigen Vereins der klösterliche Kräutergarten wieder eingerichtet wurde, der die Idylle weiter mehrt.

Das Renaissanceschloss: Wahrzeichen von Bad Bergzabern (oben).
Das Renaissancehaus beherbergt neben dem Gasthaus »Zum Engel« auch das städtische Museum (unten).
Inmitten von Weinreben: die Nikolauskapelle oberhalb von Klingenmünster (rechts oben).

Doch Klingenmünster hat noch mehr Kostbarkeiten zu bieten. Ein wahres Kleinod beispielsweise steht in den Weinbergen über dem Ort: die staufische Nikolauskapelle aus dem frühen 13. Jahrhundert. Das spätromanische Kirchlein am Kapellenweg gehörte wohl nicht direkt zum Kloster, sondern zu der noch höher liegenden Burg Landeck, und steht heute Besuchern meistens an den Wochenenden offen (nachmittags). Im Ort selbst lädt eine »Napoleonbank« zum Verweilen ein. Im benachbarten Elsass hat sich eine ganze Reihe solcher Bänke erhalten, und sie können tatsächlich mit dem berühmten Napoleon in Verbindung gebracht werden, dem seine österreichische Gattin Marie Louise am 20. März 1811 den lang ersehnten Thronfolger gebar: Napoleon II., dem sein stolzer Vater noch am Tag der Geburt den Titel »König von Rom« verlieh. In allen Provinzen des Reichs wurden aus diesem Anlass Sondermittel zur Verbesserung der Infrastruktur der Ortschaften bewilligt, die meist von den Kommunen getragen wurden. Eine Ruhebank hatte damals noch nichts mit Tourismus zu tun, sondern war eher als Erleichterung von der Alltagsarbeit gedacht. Sie diente zum Abstellen der schweren Traglasten, um dem Träger eine Verschnaufpause zu gönnen. Das Exemplar in Klingenmünster gehört zu den besonders schönen.

Bad Bergzabern und sein Schloss

Das Städtchen Bad Bergzabern besitzt in der Ortsmitte vor allem noch sein stattliches Schloss der Herzöge von Zweibrücken. Die alte Wasserburg wurde nach den Zerstörungen im Bauernkrieg im 16. Jahrhundert zu einem Schloss mit vier runden Ecktürmen ausgebaut. Doch noch großartiger wirkt das herzogliche Amtshaus mit seinem prachtvollen Erker und zwei reichen Giebeln mit Zierobelisken und Voluten, einfach mit allem, was die

Renaissancearchitektur ausmacht. Das Haus, vor 1579 erbaut, gehört zu den schönsten Renaissancebauten der Pfalz – und als Wirtshaus »Zum Engel« kann man es nun auch besuchen.
Auch sonst kann man beim Gang durch die Altstadt noch ein wenig von der Noblesse der einstigen Residenzstadt spüren. Wichtig und den Ort prägend ist heute der Kurbetrieb, der sich mit seinem malerischen Kurgarten ins »Kurtal«, ins Tal des Erlenbachs, hinein erstreckt. Den offiziellen Titel als Badestadt erhielt der Ort zwar erst 1963, doch geht der Kurbetrieb mit Kneippanstalten bis ins ausgehende 19. Jahrhundert zurück. Dazu kamen dann seit 1929 noch Trinkkuren.

Edith Stein und der Bergzaberner Kreis

Seit wenigen Jahren kann die Stadt sich auch rühmen, wesentliche Station im Leben einer Heiligen gewesen zu sein. Edith Stein war als promovierte Philosophin aus der Schule von Edmund Husserl ab 1921 in Bergzabern beim Philosophenehepaar Conrad-Martius zu Besuch, das hier ein Obstgut betrieb. Sie wurde Mitglied im Bergzaberner Kreis, einem philosophischen Zirkel. Es entwickelte sich eine intensive Freundschaft besonders mit der Ehefrau Hedwig. Über der Lektüre von Schriften der heiligen Teresa von Avila konvertierte Edith Stein vom jüdischen zum katholischen Glauben. 1942 in Auschwitz ermordet, wurde sie 1998, als erste Jüdin, heiliggesprochen und nimmt damit in der katholischen Kirche eine ganz besondere Rolle im Prozess der Aussöhnung zwischen Juden und Christen ein. Die Pfarrkirche St. Martin, wo Edith Stein am 1. Januar 1922 getauft wurde, geht mit ihrer Ausstattung auf dieses Ereignis ein.

WEITERE INFORMATIONEN

www.otterbachabschnitt.de
www.kakteenland.de
www.deutsche-aloe-vera-zentrum.de

WANDERZIELE MIT LERNEFFEKT

Relikte aus Zeiten, als Deutsche und Franzosen sich noch heftig angefeindet haben, sind im Elsass und in der Pfalz inzwischen zu Wanderzielen mit Lerneffekt geworden. Im Westwallmuseum nahe Bad Bergzabern können noch alte Bunkeranlagen besichtigt werden.
Ein Erlebnis für Naturfreunde hingegen sind Millionen von Kakteen und Sukkulenten in riesigen Gewächshäusern im nahen Steinfeld. Neben dem familienbetriebenen »Kakteenland« werden hübscher Steinschmuck und Mineralien angeboten. Und damit noch nicht genug: Das deutsche Aloe-vera-Zentrum ist ebenfalls angeschlossen, und das alles bei freiem Eintritt. Wer sich für Aloe vera interessiert, erfährt hier viel Wissenswertes über diese vielseitige »Wunderpflanze«: beispielsweise wie sie geerntet wird und natürlich wie sie zum Einsatz kommt, um als Saft, Gel oder Lotion ihre Heilkraft zu entfalten. Und nach der Besichtigung lädt ein Bistro zum gemütlichen Verweilen ein.

Karl-Werner Beisel pflückt im Kakteenland in Steinfeld die Früchte eines *Melocactus* (oben).
Den Stadtplatz des Kneipp-Kurortes Bad Bergzabern ziert ein kleiner Springbrunnen (links).

Dörrenbach, das schönste Dorf der Pfalz, heißt seine Gäste willkommen (oben). Blick von der Kirchenburg auf das Renaissance-Rathaus von 1590/91 (Mitte). Die Wallfahrtskapelle im Wald bei Dörrenbach hat ihren Ursprung im 15. Jahrhundert (unten). Kunstvoll und pittoresk zugleich: Fachwerkhaus in Dörrenbach (rechts).

6 Dörrenbach

Dornröschen der Pfalz

Das »schönste Dorf der Pfalz«, »Dornröschen der Pfalz« – Dörrenbach hat viele Beinamen erhalten, die den schon etwas versteckt liegenden Ort preisen und die Neugier wecken. Der kleine Umweg lohnt sich allemal.

Am Ende eines Seitentals bei Bad Bergzabern ruht das 900-Seelen-Dorf Dörrenbach. Dicht gedrängt liegen die Schmuckstücke nebeneinander. Schon vor über 1000 Jahren wurde der Ort erstmals genannt, gehörte er lange zu einem Ministaat, der Herrschaft Guttenberg, die ihren Sitz auf der nahen Burg hatte und ein Dutzend Dörfer ringsum besaß, bevor das Herzogtum Zweibrücken seine Herrschaft antrat.

Eine große Seltenheit stellt der Wehrfriedhof mit der Kirche St. Martin dar. Wehrkirchen sind aus vielen Gegenden Europas bekannt, Wehrfriedhöfe dagegen sehr selten. In diesem Falle wurde die Mauer, die ja jeder Friedhof besitzt, besonders wehrhaft errichtet und mit Ecktürmen versehen. Auf diese Weise konnte die Bevölkerung im Notfall innerhalb des Mauerrings Zuflucht suchen. Vom Dörrenbacher Geviert fehlt nur die vierte Seite, die man bei einer Friedhofserweiterung im 19. Jahrhundert aufgab. Die Kirche mit ihrem wehrhaften Chorturm mit spätgotischen Malereien wird seit 1680 simultan genutzt.

Von Rittern, Türmen und Eseln

Zu Füßen des Friedhofs liegt das prachtvolle Fachwerkrathaus aus dem Jahr 1590, als die Zweibrücker ihre Herrschaft ausbauten. Etwas außerhalb liegt im Wald die Kolmenbergkapelle, die der Sage nach ein kranker Ritter erbaute, als er vom hier entspringenden Quellwasser genas. Auch heute lädt sie zur gemütlichen Rast ein. Nur wenig weiter liegt der Stäffelbergturm. Der heutige von 1964 ersetzt einen 1947 gesprengten Turm. Ihm geht der Ruf voraus, er sei der wohl hässlichste Turm im Pfälzerwald, aber mit einem der schönsten Ausblicke bis ins Oberrheintal.

Dörrenbach tut viel für seine Gäste. Seit der 1000-Jahr-Feier 1992 wird jedes Jahr im Juni ein Dornröschen wachgeküsst, zugleich Anlass für ein pittoreskes Mittelalterfest. Und seit Neuestem macht die Dörrenbacher Eselsbühne von sich reden, die mit ihren Freilichtaufführungen schon in der weiteren Umgebung bekannt ist.

WEITERE INFORMATIONEN

www.doerrenbach.de

7 Leinsweiler und der Slevogthof

Idylle an der Weinstraße

»Leinsweiler – wo die Pfalz am schönsten ist«, mit diesem Spruch wirbt der Ort für sich selbst. Um das zu verifizieren, sollte man dem Erholungsort am besten einen Besuch abstatten. Man wird nicht enttäuscht sein!

Leinsweiler ist nur halb so groß wie Dörrenbach, hat aber einen unschätzbaren Vorteil: Es liegt direkt an der Weinstraße. Dadurch ist der Strom der Fotografen, Weinliebhaber und Gourmets sichergestellt, die Leinsweiler zu einem der meistbesuchten Orte an der Weinstraße machen. Das Ortsbild ist auch dazu angetan: eine schmucke spätgotische Kirche, ein Rathaus mit großen Bogenstellungen im Erdgeschoss und gepflegtem Fachwerkobergeschoss. Der Brunnen ist unter den älteren in der Pfalz, mit denen im 16. Jahrhundert die Wasserversorgung der Gemeinden sichergestellt wurde, einer der originellsten. Denn er besitzt noch die seitlichen Tröge, sodass seine Funktion noch klar zu erkennen ist – weniger Schmuck als Notwendigkeit.

Wahlheimat eines Künstlers

Auf halber Höhe zur Burg Neukastel liegt das dazugehörige ehemalige Hofgut, das im 19. Jahrhundert als Meierhof neu hergerichtet wurde. Es ist nur als Slevogthof bekannt, denn Max Slevogt (1868–1932), einer der großen deutschen Impressionisten und der berühmteste Pfälzer Künstler hatte das Anwesen 1914 gekauft und blieb hier bis zu seinem Tod im September 1932 (Grab im Garten). Nach dem I. Weltkrieg arbeitete er als hochgeehrtes Mitglied der Königlichen Akademie der Künste in Berlin und Vorsteher eines Meisterateliers. Slevogt ließ den Meierhof standesgemäß nochmals um mehrere Räume erweitern, ein Musiksaal und eine Bibliothek kamen hinzu, die er dann beide mit großformatigen Fresken ausmalte. Mit Helden der Dichtung wie Macbeth, Lederstrumpf oder Hektor und Achill und Heroen aus Opern von Richard Wagner oder Mozart schuf er ein großes Panoptikum, das in dieser Zeit keinen Vergleich kennt. Slevogts Erbe wird in seiner Wahlheimat auf dem Slevogthof und in der Villa Ludwigshöhe gepflegt. Der Slevogthof war bis vor Kurzem in Privatbesitz und wird derzeit saniert. In Kürze wird er wieder zugänglich sein.

WEITERE INFORMATIONEN

www.leinsweiler.de

www.slevogthof-neukastel.de

Der Slevogthof bei Leinsweiler, ab 1914 Sommersitz des berühmten Impressionisten (oben).
In der Bibliothek des Slevogthofes sind die einzigen erhaltenen Wandbilder des Künstlers zu sehen (unten).
Das Gemüse aus der Region wird auf dem Marktplatz angeboten (links).

Ein paradiesischer Garten

Die Rheinebene, die zur Haardt sanft ansteigt, ist alles in einem: ein Obst- und Gemüsegarten, der in eine hügelige Reblandschaft übergeht. Kulinarische Genüsse sind hier vorprogrammiert, ja, sie sind die Grundlage zum Genuss des ganzen Landes.

Oben: Die sonnengereiften Früchte sind der größte Schatz der Pfalz.
Unten: Das Bad Dürkheimer Riesenfaß gilt als größtes Weinfass der Welt.

Den Wein brachten bekanntlich die Römer mit und bauten ihn auch gleich an, um den aufwendigen Transport zu sparen. Der archäologische Beweis dafür wurde inzwischen erbracht. Anschließend pflegten vor allem die Klöster den Weinbau, und erst nach den großen Umwälzungen der napoleonischen Zeit, auch was Besitzverhältnisse angeht, entwickelten sich private Weingüter. Mit circa 23 000 Hektar stellt die Pfalz heute das zweitgrößte Weinbaugebiet in Deutschland. In dem Weißweinland, in dem der Riesling am beliebtesten ist, hat jetzt der Dornfelder als Rotwein Karriere gemacht. Ansonsten gibt es eine Vielzahl allesamt gepflegter Weine, bis hin zu Essig in Edelform und Schnapsbränden in ungeahnter Vielfalt.

Ein Strauß vor der Tür

Wein gilt in der Pfalz als Grundnahrungsmittel. Von den typischen Pfälzern sagt man, dass sie nie etwas anderes trinken. Schaut man einem Weinbauern bei der Arbeit zu, kann man das bestätigen; je nach Tageszeit und Art der Arbeit wird der Wein eben mehr oder weniger verdünnt! Die alte Sitte der Römer, den Wein zu mischen, hat sich sozusagen bis heute gehalten. Auf manchen Gläsern wird das dem Touristen auch anschaulich mit Grafiken vermittelt.
Dazu passt das »Dubbeglas«. Es verbreitert sich nach oben und hat aufgesetzte Tupfen; dadurch ist es besonders griffig, was es auch sein muss, denn da gehört ein halber Liter rein! Solch ein Glas wird eigentlich in munterer Runde getrunken, reihum, was natürlich dazu führen kann, dass man nicht mehr so genau weiß, wie viel man nun intus hat. Was aber bei den Weinfesten sowieso nicht so wichtig ist (außer für denjenigen, der fährt).
Wein und gesellige Runden gehören auch in der Pfalz unweigerlich zusammen. Da-

bei hat die Einkehr in einer einfachen Weinwirtschaft eine große Tradition. Wer Wein hat und ihn anbietet, hängt einfach einen Strauß vor die Tür. Die sogenannte Straußwirtschaft geht bis auf die Zeiten Karls des Großen zurück.

Von Hausmannskost bis Spitzengastronomie

Wohl dem, der den pfälzischen Dialekt zumindest versteht. Dann erschließt sich manches Gericht auf der Speisekarte – oder von der Bedienung vorgetragen – besser.
Die einfache Küche von Lewwer-knepp (Leberknödel) mit Sauerkraut oder Flääschknepp (Fleischklöße) gibt es noch, ebenso Quetschekuche mit Grumbeersupp (Zwetschgenkuchen mit Kartoffelsuppe). Der Saumagen (gefüllter Schweinebauch) wurde durch Altbundeskanzler Helmut Kohl in aller Welt bekannt. Als Saisonfrüchte besonderer Qualität gelten der Spargel und die Keschde (Kastanien).

Als Tourist hat man alle Möglichkeiten, von dem Reichtum des heimischen Bodens zu profitieren. Der Straßenverkauf von Obst und Gemüse wird überall gepflegt, für Winzer ist diese Art des Direktmarketings ein wichtiges Einkommen. Der Pfälzer-Wald-Verein bietet in seinen Hütten viele der traditionellen Gerichte an.
Die Gastronomie hat sich inzwischen ausdifferenziert. In den vielen kleinen Ortschaften gehören die Dorfgaststätten, die eine bodenständige Küche und einheimische Weine anbieten, noch zum alltäglichen Anblick. Daneben haben sich inzwischen besonders entlang der Touristikrouten etliche Gaststätten zu hochklassigen Restaurants entwickelt, die mit Spitzenköchen und Spitzenweinen den Gast verwöhnen. Das konzentriert sich bislang sehr stark auf die Deutsche Weinstraße (siehe Seite 26), jedoch sind Gaststätten mit regionalen Produkten, insbesondere aus dem Biosphärenreservat bei Fischbach, mittlerweile auch im Pfälzerwald gut vertreten.

Oben: Eine gute Sitte: mit Brot sind Wein und Sekt bekömmlicher.
Links: Auf dem Wurstmarkt in Bad Dürkheim gibt es die besten Würste.
Unten: Deftige Spezialität: Pfälzer Saumagen mit Sauerkraut und Püree.

Figurenofen, um 1830 gegossen, im Ofenmuseum von Burrweiler (oben).
Burrweiler – lieblich von Weinbergen eingerahmt (unten).
Abendstimmung rundum das Winzerdorf Burrweiler (rechts).

8 Burrweiler

Winzerdorf mit Charme

Unterhalb des Teufelsberges reihen sich die Weindörfer dicht aneinander, unter ihnen das beschauliche Burrweiler. Hier, wo die Natur der Region viele Sonnentage beschert, findet der Pfälzerwein seine höchsten Lagen.

Die Wallfahrtskapelle am Berghang stammt zwar erst vom Ende des 19. Jahrhunderts, wirkt aber, als habe sie schon immer dazugehört. Umgeben ist sie von Esskastanienhainen, die am Abhang des Pfälzerwaldes häufig anzutreffen sind. Gleich darunter beginnen die Rebenflächen.
Von der St.-Anna-Kapelle ist es nicht mehr weit auf den Teufelsberg. Der Wanderer wird mit einem ungewöhnlichen Felsensemble um das Gipfelkreuz belohnt. im nahen Alten Steinbruch warten geologische Aufschlüsse mit Granitgängen.

Das Erbe der Landesherren

Die Kirche im Dorf – Mariä Heimsuchung – mit dem typischen massiven Turm ist das einzige gotische Gotteshaus an der Weinstraße, das sich der Barockisierung standhaft widersetzt hat. Hier finden sich die schönen Wappengrabsteine der Herren von Dahn, die auch das Schloss im Ort errichtet haben. Seit dem 17. Jahrhundert im Besitz der Grafen von der Leyen, hat das einfache Schloss einen wunderschönen doppelten Torbogen aus der Erbauungszeit, mit Relieffiguren von Fabel- und Jagdtieren.
1768 verfügten die Grafen von der Leyen voller landesväterlicher Sorge, dass der Ehebruch zweier verheirateter Personen bestraft werden soll, und zwar »dieselben sollen ohne Unterschied des Geschlechts an den Pranger gestellt, mit Rut scharf aufgestrichen und des Landes auf ewig verwiesen werden«.
Ein anderes Ereignis zeigt wieder einmal, dass nur Ersttaten im Gedächtnis haften bleiben und nicht die zweiten. 1783 ließen die Brüder Montgolfier ihren Heißluftballon zum ersten Mal steigen. Nur ein Jahr später unternahm der pfälzische Baukommissär Johann Andreas von Traitteur die erste Ballonfahrt in Burrweiler, wegen der guten Windbedingungen. Die Einwohner reimten ziemlich respektlos:
»Herr Tretter, Herr Tretter,
De Luftballon schlagt wedder.
Hätt' er unne meh uffgeblose,
Wär'er owwe nit angestoße.«
Aber er schaffte es, der Ballon blieb anderthalb Stunden in der Luft…

WEITERE INFORMATIONEN

www.burrweiler.de

9 Rhodt unter Rietburg

Ein Dorf wie aus dem Bilderbuch

Rhodt unter Rietburg gehört zu den touristischen Höhepunkten an der Deutschen Weinstraße. Die Geschichte verlief hier noch eine Umdrehung anders, und dazu kam noch der Charme des bayerischen Königshofes.

Der Ort Rhodt (Crothincheim – gerodeter Hain) wird zwar schon im 8. Jahrhundert erwähnt, aber detaillierter wird die Ortsgeschichte erst Jahrhunderte später. Ob damals schon wegen des Weinanbaus gerodet wurde? Denkbar ist es, denn der Wein ist in diesem Landstrich seit 2000 Jahren heimisch. Sicher ist, dass Rhodt den ältesten Weinberg Deutschlands besitzt: Im Rosengarten stehen circa 300 bis 400 Jahre alte Rebstöcke, die immer noch tragen.

Rhodt hatte in der Pfalz ein Sonderschicksal: Ab dem 14. Jahrhundert gehörte es den Württembergern, die schon drei Orte namens Rot in ihrem Besitz hatten und diesem deshalb den Beinamen »unter Rietburg« gaben. Weil der Ort so weit vom Stammland entfernt war, tauschten die Württemberger das Städtchen mit den Badenern, die hier ab 1603 für 200 Jahre Herren waren. Das bedeutete viel Glück für die Bewohner, denn als in den Reunionskriegen mit Frankreich die Pfalz von französischen Soldaten heimgesucht und geplündert wurde, wurde das badische Rhodt verschont. Die Wirtschaft florierte, wovon die vielen prächtigen Winzerhäuser Zeugnis ablegen.

Eine Allee für die Königin

Im 19. Jahrhundert kamen König Ludwig I. von Bayern und seine Gemahlin Therese regelmäßig von der Villa Ludwigshöhe her zu Besuch. Ihr zu Ehren und damit sie im Schatten der Bäume fahren konnte, wurde eine prächtige Kastanienallee gepflanzt. Als Protestantin besuchte sie in der St. Georgskirche den evangelischen Gottesdienst. In der Kirche, die im 18. Jahrhundert nach dem Vorbild der Dreifaltigkeitskirche in Speyer eingerichtet worden war, steht noch heute ihr Sessel in der Königinnenloge, mit dem gestickten Initial ihres Gemahls, einem goldenen »L«.

Dank seiner Geschichte geht es Rhodt besser als den meisten anderen Gemeinden. Wegen der reichen Vergangenheit stehen drei Viertel der Gebäude im Ortskern unter Denkmalschutz, was natürlich entsprechende Verpflichtungen mit sich bringt.

WEITERE INFORMATIONEN

www.rhodt.de

Kopfsteinpflaster, Fachwerk, Zunftzeichen und Torbögen unterstreichen den Charme des Weinorts Rhodt unter Rietburg (oben, Mitte und links).
Innenraum der evangelischen Kirche in Rhodt unter Rietburg (unten).

Um die Jahrhundertwende erbaut: das Weingut »Walthari« in Edenkoben (oben). Standbild König Ludwigs I. von Bayern auf dem Marktplatz von Edenkoben (unten). Ein Schloss nach italienischem Vorbild, das dem bayerischen Monarchen Ludwig I. und Gattin Therese als Sommerfrische diente: die Villa Ludwigshöhe (rechte Seite).

10 Edenkoben, Ludwigshöhe, Sankt Martin, Maikammer

Eine südliche Oase

Unterhalb des Kalmit, der mit knapp 673 Metern höchsten Erhebung des Pfälzerwaldes, hat sich im Windschatten der Berge ein Refugium erhalten: St. Martin schmiegt sich in die hinterste Talecke, die Villa Ludwigshöhe wurde die vornehmste Realisierung eines königlichen Traums. Mildes Klima und südliche Früchte tun ein Übriges, um dem Besucher ein Schlaraffenland zu zeigen.

Die Anfahrt nach St. Martin oder zur Villa Ludwigshöhe ist ernüchternd. Edenkoben hat sich in den letzten Jahren zur regional bedeutsamen Industrie- und Handelsstadt entwickelt. Der Ortskern von Edenkoben blieb von den Modernisierungswellen der Nachkriegszeit jedoch weitgehend verschont. Die kleinen Plätze mit ihren Denkmälern und Brunnen zeigen, wie sich der Geschmack der »Stadtmöblierung« im Lauf der Zeit verändert hat. Den Ludwigsplatz mit der protestantischen Kirche an der Längsseite beherrscht das Denkmal des bayerischen Königs Ludwig I. Unter ihm wurde der Ort zur Stadt erhoben. Für den nächsten Platz schuf der Pfälzer Bildhauer Gernot Rumpf den Lederstrumpfbrunnen. Da fragt man sich: Wie kommt ein Indianer in die Pfalz? Gernot Rumpf illustrierte damit nämlich ein Stück Pfälzer Lebenswirklichkeit. Der Edenkobener Johann Adam Hartmann war 1764 nach Nordamerika ausgewandert und hatte am amerikanischen Unabhängigkeitskrieg teilgenommen. So wurde er dort zu einem der Vorbilder für die Romanfigur *Lederstrumpf*. Rumpf bereicherte den Brunnen um die Figur von Max Slevogt, der dem Edenkobener in der Bibliothek seines Gutshofs ein ehrendes Andenken sicherte.

Des Königs Träume

Der Münchner Architekt Friedrich von Gärtner setzte die südlichen Träume seines Königs oberhalb von Edenkoben um. Am Waldrand entstand eine italienische Villa – die Villa Ludwigshöhe –, wie es sie in Italien eigentlich nicht gibt: eine Mischung aus Antike, Renaissance und Klassizismus, äußerst gekonnt und wirkungsvoll inszeniert. Die Säulenhalle bietet einen herrlichen Blick über die reiche Landschaft, ein Zimmer war ganz in das aktuelle pompejanische Rot getaucht, ein Innenhof bot Rückzugsmöglichkeiten auch im Freien. Die Villa, die eher wie ein Palast anmutet, ist heute im Besitz des Landes und zeigt reizvolle Wechselausstellungen. Sehenswert sind die Dauerausstellung und natürlich ein Rundgang durch die Pracht- und Wohnräume des Königs sowie der Besuch der Kunstsammlung mit einem großen Bestand an Gemälden von Max Slevogt. Der Maler hat in der Region seine Motive gefunden, die

EKTKELLEREI
Schöpsdau
Restaurant
ALT MAIKAMMER
LOTTO

Pfalz in den Augen eines bedeutenden Impressionisten.

Sankt Martin und Maikammer

Der Ort Sankt Martin besitzt natürlich eine gleichnamige Kirche. Mit ihrem Namen weist das Gotteshaus auf den fränkischen Heiligen des 5. Jahrhunderts aus Tours hin, und zeigt uns, dass die Franken bei ihrer Landnahme am Ende der Völkerwanderungszeit, als sie vom heutigen Frankreich aus die Gebiete weiter östlich in Besitz nahmen, ihren Kirchenpatron mitnahmen und an vielen Orten »implementierten«. Die vielen Martinskirchen in der Pfalz bezeugen dies auf das Schönste.
Der Ort hat sich mit seinen stattlichen Gebäuden und Weingütern in den letzten Jahren immer mehr herausgeputzt. Nischenfiguren an den Häusern, großteils aus dem 18. Jahrhundert, zeigen seine katholische Grundprägung. Die Kirche hat ihr spätgotisches Gepräge weitgehend erhalten können, zumal sie kurz vor 1900 im Stil der Neogotik vergrößert wurde. Unter der Ausstattung ist das Grabmal des Hans von Dalberg und seiner Frau Katharina von Cronberg. Der Ritter aus der bekannten Wormser Familie stiftete den prächtigen spätgotischen Chor.
Im nahen Maikammer, das sich als Straßendorf den Hang hinaufzieht, hat sich ein weiteres Kleinod der spätgotischen Malerei erhalten: In der Mariä-Schmerzen-Kapelle im Ortsteil Alsterweiler ist ein spätgotischer Flügelaltar zu bewundern, der um 1445 von einem unbekannten Meister geschaffen wurde und zu den Hauptwerken der oberrheinischen Tafelmalerei gehört.

WEITERE INFORMATIONEN

www.keschdeweg.de

DER »PÄLZER KESCHDEWEG«

Schon die Römer brachten die Edel- oder Esskastanien – Keschde auf Pfälzisch – in die Pfalz. Für sie war es das »Brot der Armen«, Grundnahrungsmittel für die Soldaten. An der ganzen Haardt entlang finden sich diese Esskastanienwälder, besonders in der Ecke um die Villa Ludwigshöhe und St. Martin. An dieser Stelle ließ sie Bayernkönig Ludwig I. anpflanzen, die Esskastanien, »des südlichen Klimas bester Zeuge«. Die Pfalz als deutsche Toskana, hier wird sie in besonderem Maße Wirklichkeit – Sonne und Wein, Keschde und anderes herrliches Obst, die Leichtigkeit des Lebens pur. Wenn sich die Hänge im Herbstlaub rot, gelb und braun färben, dann konkurrieren hier fleißige Menschen und Tiere um die edle Frucht. In der Küche findet die Esskastanie vielfach Verwendung: Kastanienbrot, Kastanien-Saumagen, Kastenienhonig oder einfach nur geröstet, wie in Italien! Auf rund 50 Kilometern führt ein eigener Wanderweg von Hauenstein über Annweiler, Edenkoben und St. Martin bis nach Neustadt.

St. Martin, eines der bekanntesten Weindörfer der Pfalz (linke Seite oben). Sektkellerei Schoepsdau in Maikammer: Hier kommt das Flaschengärverfahren zum Einsatz (linke Seite unten). Auch die Esskastanie findet man in der Pfalz (oben). Im Gasthaus Zum Goldenen Ochsen in Maikammer werden Spezialitäten aus der Region aufgetischt (links).

Am Marktplatz von Neustadt an der Weinstraße laden Straßencafés zur Rast ein (oben). Der Elwetritsche-Brunnen – ein Werk des Pfälzer Bildhauers Gernot Rumpf (unten). Das Restaurant Scheffelhaus am Marktplatz ist in einem der schönsten Fachwerkhäuser Neustadts untergebracht (rechte Seite).

11 Neustadt an der Weinstraße

Weinköniginnen, Pfalzgrafen und Fabelwesen

In Neustadt an der Weinstraße wird nicht nur die pfälzische Weinkönigin gekürt, sondern sogar die deutsche! Wie in einem Kessel liegt der Ort, umgeben von Weindörfern. Seine zentrale Lage hat Neustadt schon im Mittelalter besessen und in der bayerischen Zeit wiedererhalten. Enge Gassen im Zentrum und Weinschlösser vor den Toren der Stadt – hier lässt es sich leben und genießen.

Im Vergleich zu manchem Dorf ist diese Stadt jung. Ihr Name sagt es: Sie wurde als neue Stadt angelegt, wohl im 12. Jahrhundert wie viele andere. 1275 hatte sie die gleichen Rechte wie Speyer. Doch sie wurde weniger eine freie Stadt, sondern schon sehr früh ein Mittelpunkt der Pfälzer Herrschaft. Die Pfalzgrafen, die eines der wichtigsten Ämter im mittelalterlichen deutschen Reich zu erfüllen hatten – als Kurfürsten den König zu wählen, der dann vom Papst zum Kaiser gekrönt wurde –, saßen schon lange auf der linken Rheinseite, wechselten dann aber nach Heidelberg. Als das erste Heidelberger Schloss gebaut wurde, kam als Pendant Neustadt. Zentrale Funktionen kamen der Stadt zu, wie an dem Marktplatz und der dahinterliegenden Stiftskirche zu sehen ist. Diese stolze Kirche wuchs in einem Moment empor, als die Pfalzgrafen viel vorhatten. Ruprecht I. von Pfalz ist bekannt als Gründer der ältesten Universität in Deutschland, in Heidelberg. Schon vorher, 1368, hatte er die Stiftskirche in Neustadt wesentlich vergrößert. Im neuen Chor, nach dem Vorbild der Sainte-Chapelle in Paris erbaut, wurde das neue Stiftskollegium untergebracht. 200 Jahre später erhielt Neustadt seine eigene Universität, das Casimirianum, gestiftet von Kurfürst Johann Casimir. Jetzt ging es in der Theologischen Fakultät um die neue Lehre und ihre Fundamente, sie war nämlich eine Exil-Universität für die Reformierten, die nicht in Heidelberg studieren durften.

Geheimnisvolle Elwetritschen

Die quirlige Innenstadt breitet sich rund um den Marktplatz aus. Fast alle Straßen sind inzwischen verkehrsberuhigt worden. Wo einst Autos parkten, haben Pflanzen und Menschen die Plätze zurückerobert, auch Denkmäler und Brunnen wurden errichtet. So hat nach den Herrschergräbern in Kirchen und Königsdenkmälern auf hohen Sockeln Neustadt den Elwetritschebrunnen erhalten, ein kleines großes Meisterwerk von Gernot Rumpf. Denn Neustadt gilt als heimliche Hauptstadt dieser vogelähnlichen Fabelwesen, von denen man nur im Verbreitungsgebiet des Pfälzer Dialekts etwas hört. Im weitesten Sinne hühnerähnlich, können sie nicht fliegen, halten sich deshalb im Unterholz oder zwischen Rebstöcken auf. Gesehen wurden sie noch nicht, über sie gerätselt dafür umso öfter! Am einfachsten und lebendigsten ist der Blick auf den mächtigen Brunnen in Neustadt, weil Bildhauer

MUNDUS vini
DAS WEINHAUS

Rumpf hier das Leben der Elwetritschen in allen Facetten zeigt.
Die Glaubenskämpfe der Vergangenheit sind heute zwar ausgeräumt, und die Konfessionen kommen gut miteinander aus, trotzdem gibt es noch Spuren davon, die hier deutlicher zu sehen sind als anderswo. Natürlich in der Stiftskirche. In der Pfalz war nach dem Pfälzischen Erbfolgekrieg Anfang des 18. Jahrhunderts das Simultaneum eingeführt worden, im Prinzip eine positive Folge nach den verheerenden Kriegen. Dies bedeutete, dass Protestanten und Katholiken oft in einem Kirchengebäude zusammenrücken mussten, sie mussten es teilen, damit jede Konfession ihren Gottesdienst nach eigenen Vorstellungen feiern konnte. In der vornehmen Stiftskirche wurde daraufhin eine Mauer gezogen: Die katholische Seite nahm sich den Chor, die Protestanten das Langhaus und den Choransatz. Heutzutage werden solche trennenden Mauern meist wieder entfernt, selbst wenn noch beide Parteien in der Kirche sind. Hier aber hatte ein bedeutender Künstler des 20. Jahrhunderts, August Babberger, die evangelische Seite mit einem riesigen Mosaik mit der Auferstehung Christi versehen. Es trifft nicht jeden Geschmack, aber als kirchliches Kunstwerk aus der Zeit des Dritten Reichs gehört es geschützt. Bei der aktuellen Sanierung der Kirche hat man Mauer und Kunstwerk belassen.

Das Hambacher Schloss

Zwischen Neustadt und Edenkoben liegt auf der Höhe das Hambacher Schloss, das wohl als Reichsburg von Kaiser Konrad II. gegründet worden war, also im Zusammenhang mit dem Speyerer Dom. Die mittelalterliche Burg ist mit ihren drei Ringmauern durchaus eine Besichtigung wert, wenngleich vielen die spätere Geschichte der Burg wichtiger erscheint. Seit 1688 Ruine, wollten die bayerischen Könige sie wieder aufbauen, doch blieb der Neubau stecken. Seine Bedeutung erhält der Bau durch die Geschehnisse des Jahres 1832. Im Jahr 1830 waren in Frankreich die Bourbonen gestürzt worden, ein wichtiger Schritt Richtung Demokratie. In ganz Europa waren Reaktionen zu spüren. Die bayerische Krone schränkte in der Pfalz die Pressefreiheit immer stärker ein. In dieser Situation gründete der ehemalige bayerische Beamte Philipp Jakob Siebenpfeiffer mit anderen zusammen 1832 den Deutschen Preß- und Vaterlandsverein zur Unterstützung der Freien Presse und zum Schutz der Freiheit. Im gleichen Jahr nahmen fast 30 000 Menschen aus ganz Deutschland an einem mehrtägigen »Volksfest« (weil politische Kundgebungen verboten waren) auf dem Hambacher Schloss teil. »Hinauf, Patrioten, zum Schloss!«, lautete der Ruf dieser ersten Stunde der Demokratie.
»Hinauf, hinauf zum Schloss!«, heißt auch die Dauerausstellung, die die Geschichte des Hambacher Schlosses auf dem Kastanienberg und des »Hambacher Festes« von 1832 auferstehen lässt. Zudem bilden die von dem Schweizer Architekten Max Dudler umgestalteten Räumlichkeiten des Schlosses als Veranstaltungsort einen edlen Rahmen für Tagungen, Konzerte, Galaempfänge oder Hochzeiten. Stimmungsvoll ist auch ein Besuch im »Restaurant 1832«, das eine herrliche Dachterrasse zu bieten hat.

WEITERE INFORMATIONEN

www.neustadt.eu
www.dlr.rlp.de

MUSSBACH – LEHRREICH UND GENUSSREICH

Neustadt ist von schönen Weindörfern umgeben. Die meisten von ihnen besitzen wunderschöne gründerzeitliche »Weinschlösser« mit interessanter Architektur. In Mußbach steht der Herrenhof, die alte Niederlassung des Johanniterordens. Dieser Ritterorden, der im 11. Jahrhundert als Krankenpflegeorden in Jerusalem begründet worden war, hatte hier seit 1297 eines seiner europaweit verbreiteten Regionalzentren. Dazu gehörten ein Herrenhof, Verwaltungs- und Wirtschaftsgebäude und natürlich eine Kirche. Sinn dieser Ländereien war es, Geld zu verdienen, das der Ordenszentrale im Heiligen Land zugute kommen sollte. Dieses verdiente die hiesige Niederlassung natürlich mit Wein und Weinhandel! Tatsächlich haben die Johanniter das älteste Weingut in der Pfalz, das bis heute genutzt wird. Die Johanniter (in Süddeutschland Malteser) sind zwar nicht mehr hier, dafür die Landesanstalt für Wein-, Obst- und Gartenbau, die sich der Pflege und Neuzüchtung von Wein und Obst verschrieben hat.

In herbstlichem Gewand: die Weinberge beim Hambacher Schloss (linke Seite). Zwei Weinprinzessinnen bei der Arbeit. Sie leeren zu Beginn der Weinlese die gelesenen Früchte aus (oben).

Die hohen Arkaden und Mauern der Klosterruine Limburg bei Bad Dürkheim (oben und unten).
Klosterruine Limburg und die Burgruine Hardenberg – zweimal Geschichte in Ruinen (rechte Seite).

12 Bad Dürkheim und Klosterruine Limburg

Klösterliches Terrain zwischen Wein und Wurst

Den Übergang von einer kleinen Residenzstadt zu einer Stadt zwischen Kur- und Weintourismus hat Bad Dürkheim an der Mittelhaardt beinahe spielend geschafft. Beide Geschäftsbereiche gehen hier eine seltsame Symbiose ein. Das größte Weinfest der Welt, das ist der Dürkheimer Wurstmarkt! Ein Anziehungspunkt für Zigtausende Touristen jährlich im September.

Bad Dürkheim hängt eng mit den beiden majestätischen Ruinen auf den ersten Höhen der Mittelhaardt zusammen. Ihre erste Burg besaßen die Vorfahren Kaiser Konrads II. aus dem Geschlecht der Salier hier schon Anfang des 10. Jahrhunderts. Diese Burg, den Stammsitz seines Geschlechts, schenkte Konrad aus Dankbarkeit für seine Wahl zum König Benediktinern, woraus Kloster Limburg erwuchs. Wie die Legende will, legte Konrad II. den Grundstein im Jahr 1030 morgens um 7 Uhr für die Klosterkirche und mittags für den Kaiserdom in Speyer. Bereits zur Erbauungszeit des Klosters gehörte die Ortschaft zu Füßen, Dürkheim, zum klösterlichen Besitz. Als 200 Jahre später Grafen aus dem Saarland Schutzvögte des Klosters wurden, bauten sie auf dem Bergsporn gegenüber eine Festung – die Hardenburg – sehr zum Ärger des Abtes. Aber sie blieben, als Herren von Leiningen-Hardenburg-Dagsburg. Im 18. Jahrhundert zogen sie hinunter in die Stadt und bauten sie zur Residenzstadt aus. Früh hatte man in Dürkheim den Salzgehalt von Quellen schätzen gelernt, erste Bohrungen gab es schon um das Jahr 1595 herum. Dadurch liegen in diesem Ort Residenz, Stadt und Kurbetrieb so nah zusammen.

Ruinen ragen in den Pfälzer Himmel

Können Ruinen schön sein? Wenn man die Limburg sieht, kann man diese Frage nur bejahen. Bei der Fahrt den Berg hinauf ist sie in ihren riesigen Ausmaßen immer gegenwärtig. Dabei handelt es sich ja nur um den Rest der Kirche, die Klostergebäude sind noch stärker zerstört. Majestätisch, vielleicht verstärkt durch die rote Farbe des Buntsandsteins, ragen die Außenmauern der Kirche in den Pfälzer Himmel. Wunderbar gehauene Quader an Fassade und Chor zeigen, dass schon der Bau des 11. Jahrhunderts höchst qualitätvoll angelegt war. Die Limburg gehört zu den wichtigsten Zeugnissen der salischen Baukunst überhaupt. Das Langhaus bestand aus drei Schiffen, nur durch Säulen voneinander getrennt. Auf ein ausladendes Querhaus folgte die Chorpartie mit zwei Apsiden und einem großen rechteckigen Raum für den Hochaltar. Durch die Zerstörung wirken die Mauerteile noch filigraner. Im Westen ragt der Rest eines gotischen Fassadenturms steil empor. Der Zerfall setzte im 15. Jahrhundert ein, im 16. Jahrhundert wurde der Chor der Kirche notdürftig wiederhergerichtet, während der Rest schon Ruine war. 1574 wurde das Kloster endgültig aufgelöst. Auf der Berghöhe gegenüber ragen die Reste der Har-

Bier-und Weinstube
Petersilie

Preiswert
Bergkäse

denburg auf. Letztlich ging es der Burg, die unter Protest der Mönche erbaut worden war, nicht besser. Die Hardenburg gehört zu den größten Burgruinen der Pfalz. Der Hügel war relativ großflächig bebaut worden, sodass innerhalb eines großen ummauerten Gevierts Wirtschaftsbauten angelegt waren, von denen die Kellerräume noch erhalten sind. Am besten, man besucht beide Ruinen, um das Wechselspiel der Kräfte über den Talboden hin wahrzunehmen.

Salzgewinnung und Badebetrieb

Die weltliche Macht der Leininger Fürsten, die von der Hardenburg herunter in die Stadt kamen, ist verflogen. Die Hardenburg, eine Ruine, das Residenzschloss in der Stadt wurde bereits während der Französischen Revolution zerstört. Was blieb, ist die Schlosskirche in der Ortsmitte, die heute als Pfarrkirche dient, in der noch Gräber der Fürstenfamilie erhalten blieben. Systematisch ausgebaut wurde dagegen die Salzgewinnung, die aber sehr aufwendig war. Der Salzgehalt des Wassers war ziemlich gering, sodass die Sole ziemlich stark erhitzt werden musste, bis das Salz auskristallisierte. So kamen schon bald Gradierwerke hinzu, um die Sole über das Reisig rieseln zu lassen, wodurch die Sole wegen der Verdünstung sich stufenweise anreicherte (= gradieren). Dadurch wurde im Sudprozess weniger Holz verbraucht. Im 19. Jahrhundert war Dürkheim immerhin die drittgrößte Saline Bayerns, aber sie hatte auch die höchsten Produktionskosten. Daher kam es im späten 19. Jahrhundert zu einem Wechsel in der Vermarktung. Es wurde nicht mehr Salz produziert, sondern der Badebetrieb wurde favorisiert. 1847 war ein erster Kurpark angelegt worden, 1876 folgten Badehaus und später das Parkhotel. Im 20. Jahrhundert wurde Bad Dürkheim, wie es seit 1904 offiziell heißt, der beliebteste Fremdenverkehrsort der Pfalz.

Hier geht's um die Wurst

Zur großen Beliebtheit trägt der Dürkheimer Wurstmarkt natürlich einen gehörigen Teil bei. Selten ist so klar wie in diesem Falle zu verfolgen, wie aus einem mittelalterlichen Wallfahrtsanliegen ein Riesenspektakel wurde. Die Anfänge liegen wohl im 12. Jahrhundert, als auf einer nahen Anhöhe eine Michaelskirche stand. Zum Michaelitag am 29. September kamen alljährlich Pilger den Berg hinauf, die dort oben von den umliegenden Bauern mit Essen und Getränken versorgt wurden. Schon für das Jahr 1417 gibt es Berichte, dass Bauern und Winzer ihre Produkte schubkarrenweise auf den Berg brachten: Wein, Wurst und Brot aus der Pfalz. Hinzu kamen Händler mit Wolle und anderen Waren, Gaukler und Musikanten. Wenige Jahre später wurde aus dem Markt ein Kirchweihfest, und Ablässe zum Besuch des Fests sind u.a. von Papst Pius II. und Julius II. bekannt. Im 16. Jahrhundert musste der Markt wegen des großen Andrangs ins Tal verlegt werden, er kam nach Dürkheim und verlor wegen der Reformation seinen religiösen Charakter. 1832 wurde er erstmals Wurstmarkt genannt, wegen des großen Wurstkonsums. Alljährlich kommen zum größten Weinfest der Welt am zweiten und dritten Wochenende im September um die 650 000 Gäste in den 18 000-Seelen-Ort, ein wahrhaft olympischer Rekord.

WEITERE INFORMATIONEN

www.bad-duerkheim.de
www.pfalzmuseum.de

ANTARKTIS IN BAD DÜRKHEIM?

Wie bzw. warum kommt ein »Straßenschild« von der Antarktis nach Bad Dürkheim? Naturkunde – zusammen mit der Geschichte ihrer Erforschung – kann spannend sein bzw. zur Neugierde anregen. So wie hier im Pfalzmuseum für Naturkunde in Bad Dürkheim. Der Naturschutzverein Pollichia besteht schon seit 1840 und ist mit seinen 3000 Mitgliedern die zweitgrößte naturforschende Gesellschaft in Deutschland! Seit 1981 gibt es jetzt das Museum, dazu Außenstellen auf Burg Lichtenberg bei Kusel. Jährliche Sonderausstellungen.

Der Römerplatz in Bad Dürkheim mit seinem Brunnen und den Cafés lädt zum Verweilen ein (linke Seite oben).
Der Markt am Schlossplatz spricht alle Sinne an (linke Seite unten).
Ein riesiges Volksfest: der Wurstmarkt in Bad Dürkheim (oben). Das Pfalzmuseum für Naturkunde nimmt seine Besucher mit auf eine Zeitreise (unten).

Blick in die pittoresken Straßen von Deidesheim (oben). »Parade der Handwerker« im geöffneten Turmfenster: Turmuhr am Eisentor in Freinsheim (unten). Die »Geißbockversteigerung« zu Pfingsten in Deidesheim lockt viele Besucher an (rechte Seite oben). Mit dem Pferdefuhrwerk kann man sich gemächlich durch Freinsheim kutschieren lassen (rechte Seite unten).

13 Deidesheim und das Leiningerland

Wein und andere Lebenselixiere

Der Winzerort Bockenheim markiert das Ende der Deutschen Weinstraße, doch nicht das Ende vom Weinanbau. Rheinhessen schließt sich an. Die Landschaft ändert ihren Charakter – der Abhang des Pfälzerwaldes weicht zurück, und das weite Hügelland Rheinhessens öffnet sich. Doch wir bleiben in der Pfalz: Es geht durchs Leiningerland und nach Deidesheim.

Das historische und pittoreske Deidesheim zieht Touristen aus aller Welt an. Das liegt nicht nur an seinen schönen Monumenten, sondern auch daran, dass der ehemalige deutsche Bundeskanzler Helmut Kohl, gebürtiger Pfälzer, hier besonders gern hinkam und seine Leibspeise verlangte: Pfälzer Saumagen. Mit Kohl kamen Staatsgäste, und nach den Staatsgästen die Prominenten. So muss Deidesheim heute kaum noch Reklame für sich machen. Vor den Politikern der Neuzeit war Deidesheim ein Lieblingsort der Speyerer Bischöfe, die hier im fürstbischöflichen Schloss residierten. Von daher nahm die Produktion von Essen und Wein schon von jeher einen wichtigen Platz ein. Und Weinbau wird in der Gegend schon seit dem 8. Jahrhundert betrieben. Berühmt sind auch die großen Weinhäuser, die am Rande der Altstadt ihre großen Gründerzeitpaläste errichtet haben. Das Städtchen selbst besitzt einen historischen Ortskern mit einem sehenswerten Rathaus aus dem Jahr 1532. Am Stadtplatz fällt der hübsche Geißbockbrunnen auf, der unverkennbar die Handschrift des Bildhauers Gernot Rumpf trägt und zum Dreh- und Angelpunkt des Geschehens wird beim alljährlichen Stadtfest, der »Geißbockversteigerung«.

Im Leiningerland

Die Ortschaften nördlich von Bad Dürkheim haben einen ganz eigenen Charakter: Die Burgen, die an der Haardt auf große Distanz angelegt waren, werden hier zum Mittelpunkt, wodurch sich das Ortsbild markant verändert. Es sind alles Dörfer oder Städtchen der Neuleininger, die ihren Hauptsitz in Grünstadt hatten. Freinsheim mit seinem schönen Rathaus in der Mitte kann sich rühmen, als einziger Ort in der Pfalz seine Stadtmauer aus dem Mittelalter behalten zu haben. Ein Spaziergang außen oder innen an der Mauer entlang öffnet viele schöne Blickwinkel.

In Bockenheim endet die Deutsche Weinstraße. Wieder wird sie durch einen markanten Bau markiert, der jedoch viel jünger ist als sein Gegenstück, das Deutsche Weintor, in Schweigen. Weniger Denkmal, mehr praktische Funktionen.

Wer meint, dass hier der Weinanbau endet, irrt: Die Rebflächen werden noch größer – aber eben in Rheinhessen.

WEITERE INFORMATIONEN

www.deidesheim.de

www.leiningerland.com

www.bockenheim.de

DEIDESHEIMER HOF

Eine Gesteinsformation, die Rätsel aufgibt: der 14 Meter hohe Hinterweidenthaler Teufelstisch (oben).
Die Felsengruppe Braut und Bräutigam bei Dahn (unten).
Burgruine Altdahn: Teil eines Burgentrios, zu dem noch die Burgen Grafendahn und Tanstein gehören (rechte Seite).

14 Dahner Felsenland

Buntsandsteinmassive beflügeln die Fantasie

Wildromantisch ist das Dahner Felsenland mit seinen roten und gelben Felsen sowie den einsamen Burgen, um die sich viele Sagen und Mythen ranken. Nur wenige und kleine Orte liegen zwischen den ausgedehnten Wäldern und sanften Tälern, durch die kleine Bäche murmeln. Das Wanderparadies wird neuerdings auch stärker für den Outdoor-Tourismus erschlossen.

Das Dahner Land ist Teil des Wasgaus, der sich zum größeren Teil ins nördliche Elsass erstreckt. Naturgeografisch bildet diese Region den interessantesten Teil des Pfälzerwaldes. Als bei der Bildung des Oberrheingrabens die seitlichen begleitenden Mittelgebirge aufgetürmt wurden, kam es hier zu den größten Verwerfungen der Gesteinsschichten, wovon die heutige, oft bizarre Felslandschaft zeugt. Wenn also die Bergwelt hier mit ihren dichten Wäldern noch intakt erscheint, so stimmt dies doch wieder nicht ganz. Ab und zu wieder trifft man auf einen Woog, einen künstlich angelegten kleinen See. Diese dienten der Fischzucht oder als Speicher zur Nutzung der Wasserkraft.

Jungfernsprung und Teufelstisch

Urplötzlich bilden die Buntsandsteinfelsen Kluften, hohe Felsnasen oder bizarre Formen. An die Felsen schmiegen sich die Ortschaften wie Dahn. Wenn die Felsformation genug Platz bot, wurde dieser für die Anlage einer Burg genutzt. Dabei entstand mitunter ein abenteuerliches Konglomerat aus Fels und Mauer. Die Burgen türmten ihre Räume, Wehrmauern und Speicher geradezu übereinander, tiefe Brunnen mussten angelegt werden.

Schnell bemächtigten sich die Einwohner der Felsen, indem sie ihnen prägnante Namen gaben. In Dahn erhebt sich der Jungfernsprung, eine 57 Meter hohe Felswand. Laut einer Sage stellte der berüchtigte Raubritter Hans Trapp einer Jungfrau nach, die unversehens auf diesen Felsen floh, in ihrer Not hinabsprang – und unverletzt unten ankam, wo seither eine Quelle sprudelt. Oder der Teufelstisch in Hinterweidenthal, eine 300 Tonnen schwere Platte, die auf Sandsteinpfeilern ruht. Angeblich fand der Teufel keine passende Stelle für eine Pause und türmte dann dafür die Steine übereinander.

Salier und Staufer

Im Mittelalter gehörte die Region zu den zentralen Gebieten des Reiches. Die Salier und später die Staufer hatten hier und im Elsass einen großen Teil ihres Besitzes, zu deren Verteidigung und Verwaltung die Burgen entstanden. Als die Staufer mit Friedrich II. (1194–1250) bzw. seinen Söhnen ausstarben, wuchsen in dem Machtvakuum Kräfte, die zur Selbstständigkeit drängten: In der Ebene wurden die Städte zu Reichsstädten und in den Bergen die Burgen zu Zentren kleiner Territorialherrschaften. Nicht umsonst liegt mitten im

Pfälzerwald der Trifels, eine der bedeutendsten Reichsburgen (siehe Seite 60). Spätestens im Pfälzer Erbfolgekrieg wurden die letzten Burgen aufgegeben. Und bis zu ihrer Wiederentdeckung als romantische Ruine dauerte es noch mehr als hundert Jahre.
Allein um Dahn herum stehen vier Burgen, die ein beeindruckendes Ensemble bilden. Etwas abseits liegt Neudahn. Altdahn, Grafendahn und Tanstein reihen sich wie Perlen auf einer Felsformation südlich von Dahn auf und sind nicht nur für Kinder ein natürlicher Abenteuerspielplatz.
Im 19. Jahrhundert erlebte die Gegend einen wirtschaftlichen Tiefpunkt, was zu einer Auswanderung bisher ungeahnten Ausmaßes führte. Die meisten Pfälzer verschlug es damals in die Neue Welt, nach Amerika. Erst danach und nach der Reichsgründung 1871 gelang mit der Schuhfabrikation ein neuer Aufschwung. In mühsamer Heimarbeit, in kleinen Manufakturen und ersten Fabriken erarbeiteten sich die Bewohner der Täler um Hauenstein wieder einen bescheidenen Wohlstand. Das nächste Wechselbad folgte in der Zeit des deutschen Wirtschaftswunders. Als 1968 in der Europäischen Wirtschaftsgemeinschaft die Zölle fielen, bedeutete dies das Aus für die meisten Fabriken. Heute gehören die Schuhe zur Geschichte, die im Schuhmuseum in Hauenstein präsentiert wird.

WEITERE INFORMATIONEN

www.pfaelzerwald.de
www.unesco.de/pfaelzerwald.html

BIOSPHÄRENRESERVAT PFÄLZERWALD-NORDVOGESEN

Heute will Natur anders erlebt werden als zu Großvaters Zeiten. Natürlich ist der Pfälzerwald nach wie vor ein wunderbares Wandergebiet, das durch unzählige Wanderwege erschlossen wird. Vor allem mit kleinen Kindern bieten Wälder, Bäche und Badeseen fast paradiesische Möglichkeiten. Daneben wurden aber neue Möglichkeiten geschaffen, wobei der Schutz und die Beobachtung der Natur im Vordergrund stehen. Mit dem Biosphärenreservat Pfälzerwald-Nordvogesen wurde 1998 das erste grenzüberschreitende Biosphärenreservat der UNESCO in Europa geschaffen. Sein Zentrum hat es in Fischbach mit einem Ausstellungshaus und einem Baumwipfelpfad. Auf sicheren Wegen wandern die Besucher in 20, ja bis zu 35 Metern, auf Höhe der Baumwipfel und erhalten vielfältige Einblicke in Leben und Wachstum nicht nur der Bäume, sondern auch der Pflanzen- und Tierwelt des Pfälzerwaldes. Aufzüge ermöglichen es, das alles auch mit Kinderwagen und Rollstuhl in Augenschein zu nehmen.

Ein Hort der Stille ist diese kleine Kapelle bei Dahn (linke Seite oben). Der Neudahner Weiher bei Dahn wird von Anglern und Campern geschätzt (linke Seite unten). Ein Vergnügen in luftiger Höh: der Baumwipfelpfad in Fischbach bei Dahn (oben). Die Abendsonne taucht Hauenstein in ein mildes, warmes Licht (links).

Gut versteckt im Pfälzerwald liegt die Felsenburg Berwartstein, auf der im 15. Jahrhundert der Raubritter Hans Trapp gehaust haben soll (oben). Mit viel Fantasie, aber durchaus zur Geschichte der Burg passend, wurde Berwartstein in jüngerer Zeit ausgemalt (unten). Ritterrüstungen lassen das Mittelalter aufleben (rechts).

15 Burg Berwartstein

Das Mittelalter lässt grüßen ...

Wer etwas über Raubritter erfahren will, ist hier goldrichtig. Und für Kinder ist sie wohl die interessanteste Burg im ganzen Pfälzerwald, weil es einfach alles gibt, von den Folterwerkzeugen bis zu Kanonenkugeln. Auf Burg Berwartstein erwacht das Mittelalter zu neuem Leben.

Manche rümpfen die Nase, wenn sie diesen Namen nur hören, andere brechen in Begeisterungsstürme aus. Burg Berwartstein ist natürlich keine gut erhaltene Burg aus dem Mittelalter, wie viele andere wurde sie am Ende des 19. Jahrhunderts wieder rekonstruiert. Außerdem sind die Räume ausgemalt worden, mit Bildern aus der Geschichte der Burg. Die Rekonstruktion der Burg ist sicher nicht in allen Punkten richtig, gibt aber in groben Zügen ein gutes Bild der mittelalterlichen Burg. Bei der Ausmalung kann man mit Fug und Recht behaupten, dass sie vollends erfunden ist. Und die Folterwerkzeuge und anderes Gerät sind erst im 19. Jahrhundert geschaffen worden.

Wie mit dem Felsen verwachsen

Warum geht man dann überhaupt auf die Burg Berwartstein? Unter den Burgen des Pfälzerwalds gehört sie sicher zu den interessanten Ritterburgen, die mit dem Felsen wie verwachsen erscheinen. Vieles kann man sich hier sehr gut vorstellen oder sehen, wie den Felsengang als einzigen alten Zugang, den wohl 104 Meter tiefen Brunnen. Die Felsenburg wurde Ende des 15. Jahrhunderts von dem berüchtigten Hans von Trotha ausgebaut, der seinem Titel als Raubritter alle Ehre machte. Die wildesten Geschichten werden über ihn erzählt. So war er es, der die Jungfrau in Dahn auf den Felsen verfolgte. Er ärgerte den Abt von Weißenburg, indem er den zur Abtei führenden Bach aufstaute und ihm damit das Wasser abgrub. Und ärgerte ihn abermals, als der Abt sich darüber beschwerte und er den Damm daraufhin durchstach, sodass Weißenburg überschwemmt wurde. Der Fall ging bis nach Rom, der Ritter wurde gebannt. Als Hans Trapp ging der Raubritter in die örtliche Sagenwelt ein. Alles über die Burg, Folter- und Waffenkammern, die Ritter und das Hausgespenst erfährt man bei einer Führung, die von den Burgführern kind- bzw. altersgerecht angeboten wird. Und anschließend lockt der Wildpark Silz mit einem Streichelgehege!

WEITERE INFORMATIONEN

http://burgberwartstein.de

16 Madenburg

Trutzige Reste einstiger Macht und Herrlichkeit

Die ersten Höhen des Pfälzerwaldes, von der Ebene her kommend, sind mit stolzen Burgen besetzt, trutzige Reste einstiger Herrlichkeit. Die Madenburg ist die markanteste unter ihnen. Sie bietet einen unvergleichlichen Blick in die Rheinebene und in den Pfälzerwald hinein.

Bereits 1076 wurde eine Burg namens Parthenopolis erwähnt, vielleicht war damit die Madenburg gemeint. Ein Jahrhundert später war sie jedenfalls unter ihrem heutigen Namen bekannt. Burgen wurden zwar immer zur Wehr gebaut, aber dieser Ernstfall trat bei den meisten Burgen selten ein. Die Mauern der Madenburg könnten aber viel erzählen: Zunächst residierten hier salische und staufische Herren, dann folgten die Leininger, danach wurde aus ihr eine Ganerbenburg: Sie war im Besitz mehrerer Familien, der Sickinger, Fleckensteiner und Württemberger. 1516 erwarb sie der Bischof von Speyer, und im Bauernkrieg 1525 verwüsteten die Bauern den Besitz ihres Herrn. Bischof Philipp von Flörsheim ließ die Burg wieder aufbauen – mit Frondiensten der einst rebellierenden Bauern. Nur wenig später kamen die räuberischen Banden des Markgrafs Albrecht von Brandenburg und brandschatzten die Burg. Bischof Eberhard von Dienheim baute sie 1593/94 prachtvoll wieder auf. Die letzten Zerstörer schließlich waren die Truppen des Sonnenkönigs Ludwig XIV. im Pfälzischen Erbfolgekrieg (1688–1697).

Eine mächtige Ruine

Heute gehört die Madenburg zu den mächtigsten Burgruinen der Pfalz. Ihr Besuch lohnt sich auch wegen des herrlichen Panoramablicks. Die Schild- und Ringmauern – bis zu sieben Meter dick – sind trutzige und verstümmelte Zeugen der Kriege. Im Burghof stechen neben den Resten verschiedener Bauten die eleganten Treppentürme von 1593 hervor. Im 19. Jahrhundert ging die Ruine in Privatbesitz über, wurde aber gleichzeitig ein Symbol für Deutschlands Zukunft: 1843 kam man hier für eine Tausendjahrfeier zusammen, denn 843 war das Reich Karls des Großen endgültig geteilt worden, vereinfacht gesagt: in einen französischen und einen deutschen Teil. Das große Fest störte leider ein heftiger Platzregen. Der Rückweg ins Dorf wurde zur »Eschbacher Rutschpartie«, wie sich die Presse moklerte.

WEITERE INFORMATIONEN

http://eschbach-pfalz.de

Markante Ruine: die Madenburg auf dem Rotenberg (oben).
Von der 443 Meter hoch gelegenen Madenburg öffnet sich ein weiter Blick in die Rheinebene (unten).
Die Kernburg der Madenburg – ein aufregendes Terrain für kleine und große Eroberer (links).

Für den Trifels wurde eine Kopie der Reichskleinodien angefertigt. Ihr Anblick steigert die Faszination der mittelalterlichen Herrschaft ungemein (oben). Der Festsaal des Trifels ist zu weiten Teilen eine Schöpfung des 20. Jahrhunderts (unten). Annweiler im Tal mit dem Trifels, in dem laut Kyffhäusersage ein Kaiser schlafen soll (rechte Seite).

17 Annweiler, Trifels und Eußerthal

Das reiche Erbe der Staufer

Kloster, Burg und Stadt – dabei handelt es sich um drei Lebenswelten im Mittelalter, wie sie gegensätzlicher nicht sein könnten, die aber auch zusammengehören. In Annweiler, auf dem Trifels und in Eußerthal kann man diesen Spuren exemplarisch gut nachgehen und erfährt obendrein so manche abenteuerliche Begebenheit aus dieser düsteren Epoche.

Jeden Besucher zieht es wie magisch zum Trifels hinauf, zweifellos die bekannteste Burg im ganzen Pfälzerwald. Doch sie war mehr als nur eine gewöhnliche Festung, nämlich die Reichsburg der staufischen Kaiser. Für Kaiser Friedrich Barbarossa bildete sie den Mittelpunkt der staufischen Besitzungen links des Rheins, und entsprechend stattlich wurde sie im 12. und im 13. Jahrhundert ausgebaut. Auf Nachbarhügeln befinden sich Vorburgen, sodass der Trifels selbst gut geschützt dazwischen liegt. Aus dicken Buckelquadern sind die Türme und Hauptbauten errichtet, über dem Tor ragt ein kleiner Erker heraus: Hier befindet sich im Obergeschoss die Burgkapelle, wie es für hohe Adelige üblich war. Heute kann man sich darin sogar trauen lassen. Und vom Burghof bietet sich ein traumhafter Blick auf den Pfälzerwald.

Trifels – Gefängnis von Richard Löwenherz

Die Burg kommt einem Besucher gar nicht so groß vor, groß war aber ihre Bedeutung, der man wenigstens dank der Tafeln und der kleinen Ausstellung im Innern nachgehen kann. »Wer den Trifels hat, hat das Reich«, heißt es, und das hing zum Beispiel mit den Reichsinsignien zusammen, die Friedrich Barbarossa lange hier aufbewahrte. Kaiserkrone und Szepter, Reichsapfel und Reichsschwert, alles aus Gold geschmiedete Preziosen, bildeten die Insignien. Nur wer sie besaß, trug den Kaisertitel zu Recht. Mit den Kaisern wanderten auch die Reichsinsignien weiter, lange wurden sie in Nürnberg aufbewahrt, dann kamen sie nach Wien in die Schatzkammer der Hofburg, aus der sie per Gesetz nie mehr herauskommen sollen – so dinghaft dachte man im Mittelalter und denkt man auch heute noch (der Grund dafür lag natürlich in Hitlers Begehrlichkeiten). Auf dem Trifels sind Replikate zu sehen, die zumindest die Fantasie beflügeln. Eine weitere Episode aus staufischer Zeit wird gerne erzählt. Nach dem dritten Kreuzzug wurde Richard Löwenherz – der König von England – im Dezember 1192 bei Wien gefangen genommen und von Leopold von Babenberg an den Stauferkaiser Heinrich VI. ausgeliefert, der für seine Grausamkeit und Verschlagenheit bekannt war und ihn auf Burg Trifels einsperren ließ (1193–1194). Das geforderte Lösegeld – 150 000 Mark Silber –, das Richards Mutter Eleonore von Aquitanien leistete, entsprach in etwa dem doppelten Jahreseinkommen der englischen Krone, ein feines Geschäft! Heinrich VI. steckte das Geld unter anderem in den Aufbau und die Verstärkung der Städte

KORN MÜHLE
Umwelt & Naturkost
Naturkostladen
Kornmühle
NATURKOST
Leichtes

Speyer und Worms und bestritt obendrein damit noch den Feldzug um Sizilien (1194).

Annweiler – zweitälteste Stadt der Pfalz

Zu Füßen der Burg schmiegt sich Annweiler zwischen Berg und die Queich. Die Stadt blühte zusammen mit der Burg auf und erhielt ihr Stadtrecht schon im Jahr 1219, sie ist nach Speyer die älteste Stadt der Pfalz. Dem manchmal viel strapazierten Mythos Barbarossastadt kann man im Zentrum der rechtwinklig angelegten Stadt noch ganz eindrucksvoll begegnen, vor allem am historischen Marktplatz.

Die Queich wurde in einem engeren Seitenkanal, dem Queichbach, am Rande der Stadt entlanggeführt, um die Mühlen im Stadtbereich anzutreiben. Heute gibt es davon noch drei, die größte in einem Glaskasten, um die Funktionsweise zu erläutern, wird inzwischen zur Stromerzeugung genutzt. Früher dienten die meisten Mühlen den 36 Gerbereien, die in diesem Quartier mit Lohmühlen und Trockenböden ihre typischen Häuser besaßen.

Annweiler wurde noch am Ende des Zweiten Weltkriegs Schauplatz heftiger Kämpfe und dabei ziemlich stark zerstört. Die Nachkriegszeit war daher im doppelten Sinne eine schwere, denn es galt die Kriegsschäden zu beheben und gleichzeitig die wirtschaftliche Schwächeperiode zu überwinden. Inzwischen kann sich das Städtchen wieder selbstbewusst mit einer liebevoll hergerichteten Innenstadt präsentieren. Auch die idyllische Umgebung lädt mit ihren Wäldern, Bachläufen, Streuwiesen und sanft geschwungenen Weinbergen zu herrlichen Wanderungen und Radtouren ein. Wem der Sinn jedoch mehr nach Trubel und Jahrmarkt steht, der sollte Annweiler im Sommer besuchen: Denn seit 2005 wird jährlich im Juli in der Altstadt das Richard-Löwenherz-Fest gefeiert, ein Mittelalterfest zu Ehren des berühmten Gefangenen auf dem Trifels – wegen seiner Gaukler und Ritterturniere sehr zur Freude der Kinder.

Stilles Eußerthal

Etwas abseits in einem Seitental liegt Eußerthal, das ehemalige Zisterzienserkloster, das im Jahr 1148 von Mönchen aus Lothringen gegründet worden war. Die tüchtigen Mönche siedelten meist abseits der großen Straßen, an Flussläufen, sodass sie das Wasser vielfältig nutzen konnten: zur Speisenbereitung, zur Hygiene, in der Land- und Fischwirtschaft und als Wasserkraft, für Mühlen eben. Wegen dieser Fertigkeiten und Organisationsgabe waren sie bei Herrschern sehr beliebt, und natürlich auch bei Friedrich Barbarossa, der ihnen eine weitere Aufgabe verschaffte: Zwei Mönche wurden abgestellt, um die Reichskleinodien zu hüten. Nach der Blüte in der Zeit der Staufer wurde das Kloster mehrfach zerstört und 1561 schließlich aufgelöst. Erst viel später entstand das heutige Dorf um den Rest der Klosterkirche.

Die Klosterkirche zeigt das zisterziensische Bauideal, den Bauluxus in jeder Hinsicht zu vermeiden, noch sehr genau. Auch das stille Dorf lässt die klösterliche Landschaft noch gut nachvollziehen und ist ein idealer Ausgangspunkt für Wanderungen entlang der Bäche oder in den Wäldern. Sieben Rundwanderwege laden dazu ein, in die nahezu unberührte Natur »einzutauchen«.

WEITERE INFORMATIONEN

www.museum-annweiler.de
www.buerstenbindermuseum.de

LEBENDIGE PFÄLZER GESCHICHTE

Die vielen Burgen der Pfalz zeigen nur nacktes Mauerwerk und sind stark zerstört. Im Museum unterm Trifels in Annweiler wird einiges an anschaulichem Material nachgeliefert, was man weder in Speyer noch auf Burg Berwartsein sehen kann. Die Stauferzeit mit ihren großen Herrschern Friedrich Barbarossa und Friedrich II., dem Stadtvater von Annweiler, und eine mittelalterliche Bauhütte werden hier wieder lebendig. Waldwirtschaft und Gerberhandwerk beziehen sich dagegen auf das neuzeitliche Leben in dem Städtchen unterm Trifels.

Im benachbarten Ramberg (rund 7 Kilometer nordöstlich von Eußerthal) wird ein anderes Kapitel Pfälzer Geschichte aufgeschlagen. Im Bürstenbindermuseum wird die raue Geschichte dieses Handwerks seit dem 18. Jahrhundert erzählt. Traditionell gehört dazu die »Bürstenbinderkerwe« am zweiten Sonntag im Juli, in Erinnerung daran, dass früher die Bürstenbinder um diese Zeit von ihren Verkaufsfahrten zurückkamen.

Annweiler besticht mit weinumrankten Fachwerkfassaden, verwinkelten Gassen, dem alten Mühlgraben (linke Seite). Bürstenbinder, ein aussterbendes Handwerk, gibt es auch heute noch in Ramberg im malerischen Dernbachtal (oben).

Kirchweih, Weinfeste und Weihnachtsmärkte

Geselligkeit trifft sich in der Pfalz auf das Beste mit der unbeschwerten und heiteren Lebensart der Bewohner. In Verbindung mit Wein und gutem Essen sind die Feste in der Pfalz an Stimmung und an Zahl kaum zu übertreffen.

Oben: Gut besucht: der Speyerer Weihnachtsmarkt vor dem markanten Dom.
Mitte: Die Weinköniginnen deutscher Weinregionen des Jahres 2014 treffen sich im Herbst in Bad Dürkheim. Aus ihrer Mitte wird die deutsche Weinkönigin gewählt.
Rechts: Eine Augenweide ist die jährliche Kirschblüte an der Weinstraße.

Es ist bemerkenswert, dass die Feste landauf, landab nirgendwo etwas Aufgesetztes an sich haben. Sie gehören zu den jeweiligen Orten und sind aus festen Traditionen heraus erwachsen. Dabei sind nicht selten Rekorde angesagt wie etwa beim Bad Dürkheimer Wurstmarkt (siehe Seite 48), dem größten Weinfest der Welt. Während dessen Anfänge im religiösen Brauchtum zu finden sind, feiert die Gemeinde Billigheim seit nunmehr 565 Jahren alljährlich im September die Verleihung der Marktrechte durch Friedrich III. mit dem Purzelfest, neben Bubenpurzel und Pferderennen natürlich auch mit einer eigenen Königin!

Die Kerwe

Das Kirchweih-Fest, je nach Region Kerwe oder Kerb genannt, spielt im Festtagskalender eines jeden Ortes eine wichtige Rolle. Die religiösen Hintergründe der konkreten Weihe einer Kirche auf einen bestimmten Heiligen sind meist verblasst, die Tage des Feierns auf den Sommer oder Herbst verlegt worden. Die Kerwe ist in jedem Dorf das größte eigene Fest, bei dem ein Baum aufgestellt, eine Rede geschwungen und ausgelassen getanzt wird. Es wird immer von den eigenen Burschen und Mädchen organisiert. Unter den Kirchweihfesten ist das Martinsfest das letzte im Jahreslauf, es ist nirgendwo vielfältiger und größer als in St. Martin an der Weinstraße.

Jeder Frucht ihr Fest

Genau genommen sind die Weinfeste nur eine Sonderform der vielen kulinarischen Feste. Befeiert wird hier so ziemlich jedes Produkt, das die heimische Erde zu bieten hat: Spargel oder Rettich, Kartoffel oder Kastanie, Wurst oder Schnaps.
Die Weinfeste haben sich an der Weinstraße zu den großen Touristenmagneten gemausert. In beinahe jedem Ort bieten die lokalen Winzer und andere Betriebe (Gasthäuser, Bauern) ihre Waren in lockerer Atmosphäre an. Musik gehört meist dazu. Das Geschehen kann natürlich auch auf einzelne Weingüter verlagert werden. Die Konkurrenz ist groß, es ist ratsam, sich vorher zu erkundigen, wo gefeiert wird und wo man Ruhe finden kann. Gedruckte Festkalender gibt es überall, und die Informationen sind natürlich auch im Internet abrufbar. Neben Bad Dürkheim ist das Ende September/Anfang Oktober in Neustadt stattfindende Deutsche Weinlesefest von überregionaler Bedeutung. Da werden die pfälzische und außerdem noch die deutsche Weinkönigin gewählt.

Von der Pfalz nach Amerika

Weihnachtsmärkte haben in Deutschland Konjunktur, sie gelten im Ausland sogar als deutsches mittelalterliches Kulturgut, was ein wenig übertrieben erscheinen mag. Den meisten ist aber wohl nicht bekannt, dass ein Pfälzer sehr viel für das Erscheinungsbild des modernen Weihnachtsmanns getan hat. Der Landauer Thomas Nast (1840–1902) wanderte nach Amerika aus und wurde in New York ein bekannter Karikaturist. Er brachte seine pfälzischen Vorstellungen eines weihnachtlichen Gabenbringers, eines »Pelznickel«, mit und zeichnete 1863 erstmals einen Santa Claus, aus dem 1923 in einer New Yorker Werbekampagne der heutige Weihnachtsmann wurde. Die Pfälzer Weihnachtsmärkte zeichnen sich durch andere Qualitäten aus. Weil die Anbieter aus der Region stammen, wird besonders viel eigenes Handwerkliches angeboten. Und Wein obendrein.

Oben links: Stimmungsvoll: Weihnachtsmarkt in Neustadt an der Weinstraße.
Oben rechts: In Deidesheim locken Stände zu Zimtsternen und Glühwein.
Unten: Süße Weihnachtspracht am Landauer Rathausplatz.

Altes Sägewerk in Elmstein, ehemalige Hochburg des Holzhandwerks (oben). Mittels einer Triftanlage wie hier im Leinbachtal bei Frankenstein wurde das eingeschlagene Holz transportiert (unten). Geräucherte Forellen aus dem Pfälzerwald (rechts unten). Das »Haus der Nachhaltigkeit« am Johanniskreuz informiert über Themen des Umweltschutzes (rechte Seite).

18 Nördlicher Pfälzerwald

Markanter Mittelpunkt der Pfalz

Der Nordteil des Pfälzerwaldes harrt noch der tieferen Erschließung. Dabei befinden wir uns hier eigentlich mittendrin, denn das Johanniskreuz markiert die Stelle genau. Allerdings gehen die Meinungen über den Mittelpunkt der Pfalz auseinander, und so ganz wissenschaftlich wird die Diskussion auch nicht geführt.

Nicht ganz unbescheiden vermuten die Pfälzer, dass sogar die Weltachse in ihrem Gebiet liege. Ein Felsbrocken im Wald bei Waldleiningen markiert sie, und seit 1964 wird »de pälzisch Weltachs« einmal im Jahr von einem Verein geschmiert, damit auch nichts passiert, wie der Heimatschriftsteller Paul Münch (1879–1951) gedichtet hat. Von größerer Tragweite ist da schon das Johanniskreuz zwischen Kaiserslautern und Annweiler. Ritter Johann von Wilenstein schlug hier 1269 sein eigenes Wappen in ein Steinkreuz, das als »Johanns Creutz« überliefert ist. Pfälzische Forstbeamte trafen sich hier 1843 und berieten, welchen Namen sie dem nördlichen Ausläufer der Vogesen geben könnten. Sie tauften das Gebiet auf den Namen Pfälzerwald. Das Kreuz auf dem Bergsattel markiert die pfälzische Hauptwasserscheide zwischen Mosel und Rhein und ist gleichzeitig ein Knotenpunkt, an dem alle wichtigen Wanderwege zusammentreffen.

Zentrum für Tuch und Papier

Größter Ort ist Lambrecht, das von Neustadt an der Weinstraße her durch das Speyerbachtal gut zu erreichen ist. Geprägt hat den 4000-Seelen-Ort erst die Tuch- und dann die Papierindustrie. Calvinistische Glaubensflüchtlinge aus Wallonien (heute Südbelgien) wurden 1568 von Kurfürst Friedrich III. von der Pfalz in einem aufgelösten Kloster untergebracht. Sie brachten aus ihrer Heimat das Wissen zur Tuchherstellung mit. Dazu kam später noch die Papierherstellung. Die Wallonen bauten sich ein eigenes Zunfthaus, das zu den schönsten Fachwerkbauten der ganzen Pfalz zählt. Ein eigenes Schicksal hatte die Klosterkirche. Der heute noch stehende Hochchor der Dominikanerinnenkirche, der von den Wallonen als evangelische Kirche genutzt wurde, besitzt einen Freskenzyklus aus dem 14. Jahrhundert. Die Calvinisten hatten die Malerei natürlich nicht geduldet und übertüncht. Erst nach dem Zweiten Weltkrieg durften die Bilder sichtbar bleiben.

WEITERE INFORMATIONEN

www.lambrecht-pfalz.de

Auf einer Hochfläche westlich des Pfälzerwaldes liegt Pirmasens (oben).
Die Pirminiuskirche thront regelrecht über der neuen Schlosstreppe (Mitte).
Der Carolinensaal, eine ehemalige Leichenhalle, dient heute als Konzert- und Vortragssaal (unten). Auf dem Exerzierplatz erhebt sich das Neue Rathaus von Pirmasens (rechte Seite).

19 Pirmasens

Ein Heiliger, eine Garnison und unzählige Schuhe

Die Stadt, deren Namenspatron – der heilige Pirminius – vermutlich von Irland kam und im 8. Jahrhundert ganz Südwestdeutschland missionierte, ist auf der Suche nach neuen Visionen. Schon dreimal musste sie ganz von vorne anfangen und hat es jedes Mal geschafft. Das macht Mut für die nächste Runde.

Das letzte, von Pirminius gegründete Kloster war Hornbach, nur wenige Kilometer südlich von Zweibrücken entfernt. Die Hornbach unterstehende Siedlung Pirmasens entwickelte sich fast 900 Jahre lang nur zu einem bescheidenen Dorf. 1681 zählte man nur 14 bewohnte Häuser. Der entscheidende Impuls kam mit dem späteren hessischen Landgrafen Ludwig IX. von Hessen-Darmstadt, der sich hier 1741 einen Spielzeugstaat einrichtete. Im elsässischen Buchsweiler, wo er vorher residierte, gestattete die französische Hoheit keine Garnison, was er hier in der Einöde nach Herzenslust tun konnte. Er brachte ein »Heer« von 21 Mann mit und vergrößerte es binnen weniger Jahre auf 2400 Mann. Das Dorf wurde 1763 zur Stadt erhoben und bekam neben dem obligatorischen Schloss einen überdimensionierten Exerzierplatz. Als Ludwig 1790 starb, zogen die Grenadiere ab. Frauen, Kinder und Gesinde blieben zurück, die Pirmasenser waren praktisch ohne Arbeit und Auskommen. Wegen des geringen Soldes der Grenadiere war ihnen und ihren Frauen schon 1764 einfaches Gewerbe erlaubt worden, und so begannen sie »Salwendsocken« herzustellen, Schuhe aus Tuchresten der Uniformen. Dies bildete die Grundlage für die Pirmasenser Schuhindustrie, die im 19. Jahrhundert einen steilen Aufstieg nahm. Pirmasens wurde die deutsche Schuhmetropole, bis die große Krise um 1970 den Markt zusammenbrechen ließ.

Die Siebenhügelstadt

Auch mit ihren Bauwerken versucht die Stadt, die im Zweiten Weltkrieg fast total zerstört worden ist, sich ein neues Image zu geben. Pirmasens, das sich stolz »Siebenhügelstadt« nennt, liebt die großen architektonischen Gesten: Der ehemalige Exerzierplatz mutierte zum Rathausplatz mit Wochenmarkt. Mit den seitlichen Kolonnaden scheint er dem Petersplatz in Rom nachempfunden. Imposant wirkt die geschwungene Schlosstreppe, die zur Pirminiuskirche führt. Hier stand offensichtlich die Spanische Treppe in Rom Pate. Mit anderen Transformationen setzt Pirmasens beachtenswerte Zeichen: Aus der Schuhfabrik Rheinberger wurde ein Gewerbepark und ein »Museum«; das Dynamikum lädt seit 2008 vor allem junge Menschen ein, Phänomene aus Natur und Technik besser verständlich zu machen.

WEITERE INFORMATIONEN

www.pirmasens.de

Die nächtlich angestrahlte Stiftskirche von Kaiserslautern (oben).
Geschäftiges Treiben herrscht in der Altstadt (Mitte). Die Lauterer Fußballer sind im ganzen Land bekannt. Als Kunstwerk kann man sie auf dem Weg zum Betzenberg bewundern (unten). Der von Gernot Rumpf gestaltete Kaiserbrunnen kündet von einstiger Größe (rechte Seite).

20 Kaiserslautern

Ein berühmter Kaiser und seine Pfalz

Als »Hinterpfalz« wird sie oft abgetan – damit ist der Blick der Weinpfälzer über den Bergkamm gemeint. Dabei nimmt die am Rand des Pfälzerwaldes gelegene Stadt Kaiserslautern in der Pfalz eine zentrale Rolle ein, Universität, Fußball und Militär eingeschlossen. Und historisch sowieso – dafür sorgte im 12. Jahrhundert Kaiser Friedrich Barbarossa.

Welcher Ort führt schon den Beinamen »Kaiser« in seinem Namen? Sehr viele sind es jedenfalls nicht. Tatsächlich geht die Gründung Kaiserslauterns mehr oder weniger auf einen Kaiser zurück – Friedrich Barbarossa, der bei einer kleinen Siedlung namens Villa Luthra im Jahr 1152 eine Pfalz errichten ließ, so ähnlich wie in Gelnhausen oder anderen Orten im Reich. Noch weitere fünf Male weilte Barbarossa in seiner Pfalz, bis er im Mai 1187 zum dritten Kreuzzug aufbrach, von dem er nicht mehr zurückkehren sollte.
Im 13. Jahrhundert wurden der Siedlung bereits die Stadtrechte verliehen, doch verlor sie ihre Selbstständigkeit bald an die Kurpfalz, bei der Lautern bis zum Ende des mittelalterlichen Reiches blieb und auch eine immer wichtigere Rolle spielte.

Und immer wieder Barbarossa …

Ausgesprochen schlecht ist die Geschichte mit dem namengebenden Monument umgegangen, mit der Kaiserpfalz Friedrich Barbarossas. Es muss ein großzügiger Pfalzbau gewesen sein, wie aus den Quellen zu entnehmen ist. Kurfürst Johann Casimir baute die Pfalz nach 1571 nochmals um und zum Casimirschloss aus, beide wurden bereits im Dreißigjährigen Krieg und später auch im Pfälzischen Erbfolgekrieg stark beschädigt und nach 1703 gesprengt. Die wenigen Reste sollen in einem laufenden Projekt stärker in ein aktives Nutzungsprogramm aufgenommen werden.
Der Kaiser taucht an anderer Stelle wieder auf: Dort, wo einst das alte Mainzer Tor stand, schuf der heimische Bildhauer Gernot Rumpf 1987 den bronzenen Kaiserbrunnen. Hier thront der Kaiser auf einer Weltkugel über allem, und ringsherum werden in einem großen Kreis Episoden und Figuren aus der Stadtgeschichte dargestellt.
Friedrich Barbarossa sorgte auch für die Ansiedlung von Prämonstratensern, die die Stadtkirche betreuten, die sich heute in der Fußgängerzone befindet. Die Kirche, vor allem der Chor gehört zu den elegantesten Schöpfungen der Gotik in der Pfalz. Im 16. Jahrhundert wurde die Kirche im strengen calvinistischen Sinne reformiert und verlor deshalb jeglichen bildlichen Schmuck. Im Jahr 1818 fand in der Stiftskirche eine denkwürdige Versammlung statt: Vertreter der reformierten und der lutherischen Landesteile der neu gebildeten bayerischen Pfalz trafen sich und verhandelten die Grundsätze zu einer evangelischen, unierten Landeskirche, die

HIMALAYA

sich »Protestantisch-Evangelisch-Christliche Kirche der Pfalz« nannte. Das Denkmal, das man dafür in der Vorhalle der Kirche aufstellte, ist eines der wenigen Reformationsdenkmäler, auf dem Luther und Calvin nebeneinander in gleicher Größe dargestellt wurden.

Die moderne Stadt

Nur wenigen ist bewusst, dass Kaiserslautern eine Reihe vorzüglicher Kultureinrichtungen besitzt. Die Pfalz-Galerie kann ihren Platz als Gemäldegalerie durchaus gut behaupten. Mit dem Theodor-Zink-Museum entstand ein Heimatmuseum, das ganz ohne Heimattümelei auskommt.
Die Wallfahrtsstätten der Moderne sind jedoch andere. Das Fritz-Walter-Stadion außerhalb der Altstadt, heute ein modernes Stadion, das für die Fußball-Weltmeisterschaft 2006 umgebaut wurde, ist nach Fritz Walter benannt, dem Kapitän der deutschen Nationalmannschaft, die 1954 in Bern Weltmeister wurde. Fritz Walters Heimat war Kaiserslautern, der er auch stets treu blieb.
Im Jahr 2000 richtete Kaiserslautern die Landesgartenschau aus. Das Gelände wird seitdem als Stadtgarten weiter unterhalten. Hier ist die größte Dinosaurier-Ausstellung Europas zu sehen. Mehr als 80 Modelle von Sauriern und Reptilien geben einen Überblick über die Tierwelt von gestern, die vor allem die Jugend begeistert.

WEITERE INFORMATIONEN

www.japanischergarten.de
www.spinnraedl.de

DER JAPANISCHE GARTEN

Innerhalb kurzer Zeit wurde der Japanische Garten angelegt, mittlerweile der größte in Europa. Das fernöstliche Gartenparadies entstand 2000 auf dem Gelände des ehemaligen Villenparks Am Abendsberg, den 1880 der Bankier Karl Karcher angelegt hatte. Nach der Zerstörung der Villa bei Luftangriffen 1943 lag das Gelände brach und wurde erst 1980 ein öffentlicher Park mit alten Bäumen wie Blutbuchen, Scheinzypressen und Ginkgo. Die Städtepartnerschaft mit Bunkyō, einem Stadtbezirk Tokios, die Universität und ein eigener Verein sind die tragenden Säulen des Parks. Karpfenteich, Wasserfall und Trockengarten, sogar ein 100 Jahre altes japanisches Teehaus sind in den Villengarten integriert worden.
In der Altstadt hat nur wenig Krieg und Neubauwellen überlebt. Am St. Martinsplatz kann man noch die alte Atmosphäre spüren, und im ältesten Fachwerkhaus der Stadt (1742), dem historischen Gasthaus Spinnrädl, das seine lokalen traditionellen Speisen bewahrt hat.

Mit dem Dinosaurier auf Du: Kaiserslauterns Dinopark verzückt kleine Besucher (linke Seite). Filigrane Details aus Fernost erfreuen das Auge im Japanischen Garten (oben). Sinfonie in Rot – das Fritz-Walter-Stadion feiert seine Kicker (links).

21 Rund um Kaiserslautern

Die Fassade der Klosterkirche von Enkenbach ist ein steinerner Zeuge ihrer wechselhaften Geschichte (oben).
Das Bajasseum in Enkenbach: Auch der Zirkus ist inzwischen museumsreif (unten).
Die Burgruine Frankenstein – von hier war die Pfalz strategisch gut überschaubar (rechte Seite).

Klerikale Einflüsse in der grünen Pfalz

Lange Zeit war die grüne Mitte der Pfalz nur spärlich besiedelt. Doch im nördlichen Teil wurde die Einsamkeit schließlich aufgebrochen – von Mönchen und natürlich von diversen Burgherren und Adeligen. Die klerikalen Einflüsse sind auch heute noch sicht- und spürbar. Ein kurzer Weg führt zu vielen Glanzpunkten der Kulturgeschichte.

Mitten im Pfälzerwald ragt die Burg Frankenstein über die Baumkronen auf. Mit ihr sollte der Weg von Speyer nach Kaiserslautern gesichert werden, und für diese Aufgabe wurde ihr Bau wohl schon im 11. Jahrhundert begonnen. Kurios ist ihr späteres Schicksal. 1418 wurden der Burgbereich und seine Umgebung aufgeteilt. Drei Familien teilten sich die Burg, aber nicht in sauberen Abschnitten, sondern einzelne Stockwerke und Räume wurden wild durcheinander verteilt. Ein Zeichen, dass sie vielleicht doch nicht mehr so wichtig sein konnte, denn funktionstüchtig war sie kaum mehr. Die Ruine hatte aber eine romantische Wirkung: Der Eisenbahntunnel zu ihren Füßen erhielt ein zinnengekröntes Tunnelportal!

Klöster als Kulturbeauftragte

Mit nur vier Jahren Abstand – 1144 und 1148 – kamen die Prämonstratenser nach Enkenbach und die Zisterzienser nach Otterberg. Nur wenige Kilometer liegen ihre Kirchenbauten auseinander und sind doch so verschieden: Enkenbach besticht durch seine feinen Dekorationen, Otterberg durch seine klare Geometrie. Das weitere Schicksal nach der Reformation, als Protestanten und Katholiken jeweils um die eine Kirche stritten, war ebenfalls unterschiedlich: In Enkenbach entschied das Los, dass die Kirche katholisch blieb, in Otterberg wurde die Kirche aufgeteilt. Beide Konfessionen teilen nun sich einen Altar, vor wenigen Jahren noch ein Ding der Unmöglichkeit!
Nahe Otterberg liegt Otterbach, aus dem Heinz Lutheringshauser (1931–1997) stammt. Der in den 1970er-Jahren erfolgreiche Motorradrennfahrer richtete in der ehemaligen evangelischen Kirche seiner Heimatstadt ein Motorradmuseum ein, mit Modellen ab 1901.
Alsenborn, heute mit Enkenbach vereint, ist unter Fans als ehemaliger Wohnort von Fußballer Fritz Walter bekannt. Das ihm gewidmete Museum zieht zurzeit nach Kaiserslautern um. Allerlei Wissenswertes vermittelt auch das kleine Zirkusmuseum Bajasseum.
In Ramstein haben die Amerikaner ihre größte Air-Base in Europa. Sie blieb auch nach 1990 bestehen, während viele andere aufgelöst wurden. Die dort stationierten Soldaten bilden eine eigene Art Touristen.

WEITERE INFORMATIONEN

www.enkenbach-alsenborn.de
www.otterberg.de

Die Burgruine Nanstein über Landstuhl (oben). Franz von Sickingen posiert als heldenhafter Ritter (unten). Idyllisch: Am Alten Markt in Landstuhl (rechts). Blick auf Landstuhl mit der Ruine Nanstein. Kein Geringerer als Kaiser Friedrich Barbarossa ließ die Burg 1160 errichten (rechte Seite).

22 Landstuhl und Sickinger Höhe

Heimat des »letzten Ritters«

Seit 1995 nennt sich Landstuhl Sickingenstadt, nach Franz von Sickingen aus dem gleichnamigen Adelsgeschlecht, einem Reichsritter und Anhänger der Reformation. Zusammen mit dem anschließenden Höhenrücken, der Sickinger Höhe, bildet die Gegend eine kleine, noch recht abgeschiedene Region mit Charakter, die einen Besuch auf den Spuren des Sickingers wert ist.

Schon von seinen Zeitgenossen wurde Franz von Sickingen (1481–1523), auf der Ebernburg an der Nahe geboren, voller Respekt als »letzter Ritter« bezeichnet, wie auch sein Zeitgenosse Kaiser Maximilian I. Vieles schwingt darin mit aus einer Zeit der großen Umbrüche: soziale Missstände, theologische Auseinandersetzungen, neue, bahnbrechende Waffentechniken. Heftig war Franz von Sickingen, der übrigens nie zum Ritter geschlagen wurde, in die Konflikte seiner Zeit verstrickt und hatte mit Selbstbewusstsein und Sinn für Gerechtigkeit nach Lösungen gesucht. Mit Humanisten stritt er über die Idee einer Reformation der Kirche an Haupt und Gliedern, ohne dabei direkt auf der Seite Luthers zu stehen. Für seine Untertanen versuchte er, das Erbrecht zu reformieren, sodass alle Nachkömmlinge ein Auskommen hätten; bei den bestehenden Abgabenlasten war dies letztendlich nicht möglich. Burg Nanstein über Landstuhl baute er nach modernsten Erkenntnissen der Kriegstechnik aus und gab ihr ein kanonenbestücktes Großes Rondell. Hier endete seine letzte Auseinandersetzung, hier wurde er von der deutschen Fürstenkoalition belagert. 600 Kanonenkugeln an einem Tag gingen auf die Burg nieder, eine Kugel riss die schützende Mauer ein und begrub den letzten Ritter unter sich.

Sickinger Würfel

Die Stadt mit den Resten eines römischen Grabmals in der Mitte – die sogenannten Sickinger Würfel – beherbergt noch manche Reminiszenzen an die Zeit, als die Sickinger bis ins 18. Jahrhundert hinein die Stadt beherrschten. In der Kirche St. Andreas ist das Grab des Franz von Sickingen erhalten, das ihm 50 Jahre nach seinem Tod gesetzt wurde. Von der Burg Nanstein über dem Ort schweift der Blick nach Norden, wo Ramstein mit seinem Militärflughafen, noch immer die größte US-Militärbasis in Europa, zu sehen ist. Auf der Sickinger Höhe liegen malerisch kleine Ortschaften mit Kirchen und Kapellen, die zum Besuch einladen.

WEITERE INFORMATIONEN

www.landstuhl.de

23 Zweibrücken und Hornbach

Von Rosen und Rossen

Mit dem Slogan »Stadt der Rosen und der Rosse« wirbt Zweibrücken für sich. »Vom Bauwurm besessen« waren die Architekten im 18. Jahrhundert, was in der Stadt trotz der heftigen Kriegszerstörungen bis heute noch gut zu erkennen ist. Geprägt wird die im 12. Jahrhundert gegründete Stadt durch einige exzentrische Herrschaften, die nicht nur in der Pfalz Beachtung fanden.

Im Jahr 1681 wurde das Herzogtum Zweibrücken-Kleeberg Besitz des schwedischen Königs Karls XI., dann Karls XII., der jedoch nicht selbst Hof hielt, sondern Stanislas Leszczynski, einem polnischen König ohne Thron, hier ein Asyl zugewiesen hat (1714–1719). Für einige Jahre residierte er in Zweibrücken, bevor er sein zweites Refugium bewohnte: Nancy.

Klein-Versailles

Die erste barocke Bauwelle schwappte nun über die Stadt, von schwedischen Architekten wie Jonas Erikson Sundahl in schöne Formen gegossen: Die Schweden brauchten eine lutherische Karlskirche, Stanislas ein Lusthaus »alla turca«. Im Schwarzbachtal entstand Tschifflik (türkisch: Bauernhaus). Auf die Schweden folgte mit Christian IV. und Karl August die wittelsbachische Linie Zweibrücken-Birkenfeld-Bischweiler. Die beiden Herzöge verwandelten die Stadt binnen Kurzem in ein kleines Versailles. Johann Christian Mannlich war ihr Star, Maler, Architekt, Museumsdirektor in einem. Bald zog der Star weiter, in die neue glanzvolle Wittelsbacher-Residenz München. Das bewegliche Inventar kam mit und bildete den Grundstock der Alten Pinakothek. Die Immobilien – Schlösser und Paläste – wurden 1945 zerstört und danach vereinfacht wieder aufgebaut. Das Schlagwort »Rosen und Rosse« nimmt Bezug auf die Zeiten der Fürsten. Ein Glanzpunkt sind sicher die Rosengärten, deren erster 1913 angelegt wurde. Inzwischen ist auf dem Gelände des Lustschlosses Tschifflik ein Wildrosengarten mit 2000 Rosensorten dazugekommen. Daneben liegt das berühmte Gestüt, dessen Pferde schon Napoleon schätzte.
Ein Ausflug sollte nach Hornbach führen, dem Gründungsort der christlichen Pfalz. Hier gründete der heilige Pirmin 741 sein letztes Kloster, wo er zwölf Jahre später starb und begraben wurde. Seine Gebeine wurden erst nach Speyer, dann nach Innsbruck gebracht. Nach dem Zweiten Weltkrieg kehrte ein Teil zurück in eine Grabkapelle neben der Kirche, sodass nun sogar eine protestantische Kirche ein Heiligengrab erhalten hat!

Im Kloster Hornbach ist in den letzten Jahren der Klostergarten rekonstruiert worden (oben).
Rassige Schönheit bei der Elitestutenschau im Landgestüt Zweibrücken (unten).
Ein Fest der Sinne: der Rosengarten von Zweibrücken (rechte Seite).

WEITERE INFORMATIONEN

www.zweibruecken.de
www.klosterstadt-hornbach.de

Die Werkstatt eines Musikinstrumentenmachers. Szenische Darstellung im Pfälzer Musikantenland-Museum auf Burg Lichtenberg (oben).
Das »Kaffeehaustrio« im gleichen Museum (unten).
Burg Lichtenberg: mit 425 Metern die längste Burganlage Deutschlands (rechte Seite).

24 Nordpfälzer Bergland

Ein herber Landstrich

Das Land am Glan entlang ist ein herbes Land. Kleine Orte, unter denen Kusel der größte ist, bergen eine Vielzahl an kleinen Schätzen, die erst entdeckt werden wollen. Nicht nur der schmucken Altstadt von Kusel sollte man einen Besuch abstatten, sondern auch der nahen Burg Lichtenberg aus dem 13. Jahrhundert, die als größte Burgruine Deutschlands gilt.

Früh, bestimmt lange vor der ersten Jahrtausendwende, wurde der Landstrich dem fränkischen Reich inkorporiert, die Remigiuskirche spiegelt das in ihrem Namen wider, der von der Krönungskirche der Merowinger in Reims hergeleitet wird. Im 12. und 13. Jahrhundert muss das Land eine außerordentliche Blüte erlebt haben, wenn man eine Benediktinerpropsteikirche wie die von Offenbach am Glan betrachtet. Auf der anderen Seite waren die Auseinandersetzungen mit den weltlichen Herren und der Fürsten untereinander äußerst hart. Die Burg Lichtenberg westlich von Kusel gibt beredt darüber Auskunft; sie gehört zu den größten Burganlagen des Reiches überhaupt!
Die Verwüstungen der vielen Kriege über die Jahrhunderte, gefolgt von der Pest und den Auseinandersetzungen im 17. und 18. Jahrhundert machten die Region zu einer der ärmsten in Deutschland. Kusel traf es am härtesten. Im Juli 1794 tauchte französisches Falschgeld auf, Kusel wurde beschuldigt, es gedruckt und in Umlauf gebracht zu haben. Daraufhin wurde der Ort von den französischen Truppen bis auf wenige Häuser zerstört. Später stellte sich heraus, dass Kusel mit Casel bei Trier verwechselt worden war und die falschen Banknoten von den Engländern stammten, die Frankreich schädigen wollten.

Not macht erfinderisch

In der großen Not des 19. Jahrhunderts, die durch Kriege, schlechte Bedingungen für die Landwirtschaft und für die Industrie noch weiter wuchs, wanderten viele Pfälzer Bürger aus, besonders viele aus dem Nordpfälzer Bergland. Andere suchten nach Alternativen und fanden diese im Musikgewerbe. Nirgends gibt es so viele Musikantengruppen und wandernde Musikanten, die mit ihrem Gewerbe um die ganze Welt kamen! In der Musikschule Kusel üben an die 1400 Menschen, in der Gegend gibt es fünf Bigbands, und das bei knapp 5000 Einwohnern. Allein drei Museen: auf der Burg Lichtenberg, in Mackenbach und das Heimatmuseum Kusel laden zum Besuch ein.
Ein Abstecher am Glan entlang kann nach Meisenheim führen, das mit seiner Altstadt und der Burg mehr als lokales Interesse verdient. Jedoch gehört die Burg der Grafen von Veldenz bereits zur nördlich anschließenden Region, dem Hunsrück.

WEITERE INFORMATIONEN

http://kusel.de

Im Land der Burgen

Die Pfalz ist für den historisch Interessierten vor allem das Land der salischen und staufischen Burgen. Dabei geht der Blick auf die Antike verloren, die hier in einem erstaunlichen Maße präsent ist. Man muss nur ein wenig »nachgraben« und wird reichlich belohnt.

Oben: Reste eines 1981 entdeckten römischen Landgutes, der Villa Rustica Weilberg, bei Bad Dürkheim-Ungstein.
Unten: Das Keltendorf Steinbach unterhalb des Donnersbergs wird seit 2003 rekonstruiert.

Beim Thema »Römer in Deutschland« gehen die Gedanken unwillkürlich in andere Gegenden. Trier mit seinen noch stehenden Römerbauten ist weltbekannt, in Baden-Württemberg und Hessen sind die Römerbauten entlang des Limes in letzter Zeit stärker ins Bewusstsein gerückt worden. Doch auch dazwischen existierte natürlich die römische Provinz »Germania Superior«, die sich bis in die Nordschweiz hinein erstreckte.

Römische Spuren

Wichtigste Zeugnisse der Römerzeit sind neben dem Netz der Römerstraßen, die man auch hier antrifft, sogenannte *villae rusticae*. Damit werden landwirtschaftliche Gutshöfe bezeichnet, die außer dem Hauptgebäude Wirtschafts- und Speichergebäude umfassten. Sie lagen einzeln im Abstand von mehreren Kilometern in der Rheinebene, also dicht bei den Feldern und Wiesen. Mit ihnen kam das römische Leben in die Region, beispielsweise auch die Badekultur mit heizbaren Baderäumen. Von Tempeln hat sich nicht viel erhalten, aber in zahlreichen Orten wurden – nicht selten in Kirchtürmen eingemauert – Reste von Jupitergigantensäulen gefunden, Säulen also, mit denen Rom die Oberhoheit des römischen Staatsgottes Jupiter über die Götter der Region manifestierte.
Etliche dieser *villae rusticae* kamen bei Bauarbeiten an der Weinstraße zu Tage. Bei Bad Dürkheim (siehe Seite 48) wurde sogar eine römische Kelteranlage gefunden und damit der archäologische Beweis erbracht, dass dieses Weinbaugebiet zu den ältesten in Deutschland zählt. Die kostbarsten Funde sind dagegen die kostbaren Silberschätze, die im Rhein gefunden wurden – Raubgut aus der Völkerwanderungszeit.

Das rätselhafte Volk der Kelten

Die keltische Kultur ist uns ein gutes Stück ferner und rätselhafter. Sie erstreckte sich in den vorchristlichen Jahrhunderten in einem weiten Bogen nördlich der Alpen von Ungarn im Osten bis nach Frankreich und auf die britischen Inseln. Im Kernland sind eher die Funde in Burgund (Alesia) oder in Baden-Württemberg und Bayern (Heuneburg, Manching) bekannter als in der Pfalz, obwohl inzwischen das Oppidum auf dem Donnersberg (siehe Seite 84) als keltische Anlage erkannt wurde. Eine weitere größere Wallanlage liegt nördlich von Bad Dürkheim.

Wie dicht das Gebiet der Pfalz von den Kelten besiedelt war, ist heute eher an den Gräbern zu erkennen als an den Siedlungen, die weniger monumentale Spuren hinterlassen haben. Die Gräber wurden nämlich inmitten von großen Grabhügeln angelegt. Allein um Enkenbach-Alsenborn (siehe Seite 74) bei Kaiserslautern herum sind mehr als 200 solcher Grabhügel bekannt!

Sterne und Steine

Ein weiteres, bisher viel zu wenig beachtetes Kapitel der keltischen Kultur betrifft ihre astronomischen Kenntnisse. Die Sternbeobachtung brauchte der Mensch von alters her zur Bestimmung der Jahreszeiten, mithin also gerade eine bäuerliche Kultur. Sternbeobachtung war aber keineswegs nur in den klassischen alten Hochkulturen wie Ägypten und Mesopotamien bekannt. Dass sie auch in unseren Breitengraden heimisch war, machte spätestens der Fund der Himmelsscheibe von Nebra (jetzt im Museum in Halle/Saale) bewusst. Der »Goldene Hut« von Schifferstadt (im Historischen Museum der Pfalz, Speyer) enthält in seiner Dekoration ähnliche astronomische Botschaften, und außerdem ist der Pfälzerwald voll von rätselhaften Steinsetzungen, die noch der Erforschung harren.

Oben links: Zum Keltendorf gehört auch ein Garten, der zusammen mit dem Dorf über keltisches Leben informiert.

Oben: Römischer Krug im Terra Sigillata Museum von Rheinzabern.

Unten: Reste einer römischen *Villa Rustica* in Wachenheim.

25 Rund um den Donnersberg

Der Ortskern von Kirchheimbolanden (oben). Zeitmesser aller Art, darunter 50 Turmuhren, ticken im Pfälzischen Turmuhren-Museum in Rockenhausen (unten). Bei manchen Wetterlagen lässt der Vulkankegel des Donnersbergs die Dramatik spüren, die seinem Namen innewohnt (rechte Seite oben). Eine gewaltige Mozartorgel dominiert die Paulskirche in Kirchheimbolanden (rechte Seite unten).

Der germanische Donnergott stand Pate

Beinahe inselartig ragt der 687 Meter hohe Donnersberg aus der Umgebung auf. Der heute gänzlich bewaldete Berg kann auf eine große kulturgeschichtliche Vergangenheit zurückblicken. An seinem Rand liegen barocke Residenzstädtchen, Bergwerke sicherten den materiellen Wohlstand, und obenauf siedelten dereinst die Kelten. Eine große Vielfalt, die sich dem Touristen darbietet…

Schon sein Name lässt auf Götter und deren Kulte schließen. Mont Tonnerre, Berg des germanischen Wettergottes Donar, Berg des Jupiter sind überlieferte Namen für ihn. Als erloschener Vulkan wurde er bezeichnet, doch auch das ist nicht ganz richtig. Vulkanische Magma ist in seinem Innern, doch erreichte sie nicht mit einer Eruption die Erdoberfläche, sondern blieb knapp darunter stecken. Nur durch Erosion sind jetzt vulkanische Gesteine sichtbar geworden. Den Reichtum an Mineralien und Erzen freilich hat der Donnersberg gebracht, diese wurden an den Flanken des Bergs abgebaut.
Dank seiner Form und seines Namens hat er Denkmäler erhalten, die seine Bedeutung weiter steigerten. So erhielt die markante Felsformation auf dem Gipfel den Namen »Königsstuhl«. Nahebei wurde 1864/65 ein 27 Meter hoher Aussichtsturm erbaut, zu dem König Ludwig II. von Bayern huldvoll die Genehmigung erteilte, ihn mit seinem Namen zu benennen.

Keltisches Oppidum

Wichtigstes archäologisches Relikt ist wohl die keltische Stadt, die vor 2000 bis 2500 Jahren den gesamten Gipfelbereich eingenommen hat. Es war offenbar die größte keltische Siedlung in Mitteleuropa, die man bislang kannte. Der Stadtmauerring zeichnet sich durch Böschungen im Gelände ab, man kann ihn ablaufen: Er ist neun Kilometer lang! Natürlich war es keine Stadtmauer aus Stein; ein Stück des *murus gallicus*, den Cäsar in seinem Kriegsbericht schildert, wurde rekonstruiert – es war ein Verband aus Baumstämmen, der mit Bruchsteinen und Kleinmaterial angefüllt und dadurch sehr elastisch und widerstandsfähig war.
Auch wenn wir wenig über die keltische Kultur wissen, ist vieles inzwischen durch Ausgrabungen rekonstruiert worden. Daher hat das neue Keltendorf in Steinbach eine enorme Anziehungskraft. Die Nachbauten vermitteln ein anschauliches Bild und sind nicht nur für Schulgruppen sehr instruktiv. Die meisten Orte halten einen gehörigen Abstand zum Donnersberg.
Ein Kranz von Dörfern und Städtchen schmiegt sich deshalb ringsherum, von denen Rockenhausen und Kirchheimbolanden ihren eigenen Reiz entwickelt haben.

WEITERE INFORMATIONEN

www.donnersberg.de
www.keltendorf-steinbach.de

»Ein kleiner chinesischer Pavillon« – aus Porzellan, das in Frankenthal gefertigt wurde und im hiesigen Museum zu bewundern ist (oben). Mutet wie ein Triumphbogen an: das Wormser Tor in Frankenthal (unten). Das Rathaus von Frankenthal mit der angrenzenden Ruine der mittelalterlichen Klosterkirche (linke Seite oben). Eine attraktive Fußgängerzone lädt in Frankenthal zum Bummeln und Shoppen ein (linke Seite unten).

26 Frankenthal

Die dritte Hauptstadt der Kurpfalz

Die traditionsreiche Stadt, die heute nahezu 48 000 Einwohner zählt, hat viel von ihrem einstigen Gesicht durch die Bombardierung im Zweiten Weltkrieg verloren. Als Stadt ist sie aber lebendig geblieben und hat viele ihrer Schätze bewahren können. Seine Prägung erhielt Frankenthal gleich zweimal durch die Kurfürsten von der Pfalz, im 16. und im 18. Jahrhundert. Doppelt hält besser!

Im Jahr 1562 nahm Kurfürst Friedrich III. calvinistische Glaubensflüchtlinge aus den Niederlanden auf und stellte ihnen das aufgelassene Chorherrenstift zur Verfügung. Kaufleute, Goldschmiede, Textilfabrikanten und Maler kamen und trugen dazu bei, dass Frankenthal 1577 zur Stadt erhoben wurde. Ein zweites Mal geschah dies unter Kurfürst Carl Theodor, der die Stadt (nach Heidelberg und Mannheim) zur dritten Hauptstadt der Pfalz machte und hier 1755 eine Porzellanmanufaktur einrichtete. Nach der Französischen Revolution wurde Frankenthal von Frankreich annektiert (1798–1814), gelangte anschließend bei der Neuordnung durch den Wiener Kongress an Österreich und wurde 1816 im Tauschhandel dem Königreich Bayern zugesprochen.

Nach den Zerstörungen des Zweiten Weltkriegs wurde Frankenthal schnell und rational wieder aufgebaut. So stehen heute die historischen Bauten etwas beziehungslos zwischen der modernen Bebauung.

Ein kleiner Rundgang

Im Verlauf der Ringstraße um das Zentrum befinden sich das Speyerer und das Wormser Tor, die beide vom kurfürstlichen Baumeister Nicolas de Pigage entworfen worden waren, der auch für andere Großprojekte verantwortlich war wie den Schwetzinger Garten oder Bauten im Mannheimer Schloss. Die repräsentativen Tore waren weniger Stadttore für den Verteidigungsfall, vielmehr Triumphtore, die von der Magnifizenz des Fürsten kündeten. Sie gehörten zu einem umfassenden Modernisierungsprogramm Carl Theodors, mit dem er seinen kleinen Staat für die Zukunft vorbereiten wollte.

Am Marktplatz konzentrieren sich die wichtigsten Gebäude. Um die Ruine der mittelalterlichen Augustiner-Chorherrenkirche stehen die barocke katholische und die evangelische Kirche aus dem 19. Jahrhundert, flankiert vom Rathaus und vom Erkenbert-Museum, in dem die Gemälde der Glaubensflüchtlinge des 16. und die Porzellanservices des 18. Jahrhunderts zu sehen sind. Frankenthal hat sich, im Gegensatz zu dem benachbarten Ludwigshafen und anderen pfälzischen Städten am Rhein, seinen etwas provinziellen Charakter bewahrt.

WEITERE INFORMATIONEN

www.frankenthal.de

RATHAUS

LOTTO

27 Ludwigshafen

Eine grüne Lunge mitten in der Stadt: der Ebertpark in Ludwigshafen (oben).
Das BASF-Werksgelände in abendlicher Beleuchtung – direkt am Rhein (Mitte).
Höckerschwäne im Altrheinarm »Blaue Adria« bei Ludwigshafen (unten).
Die Fassade des Wilhelm-Hack-Museums mit dem riesigen Kachelrelief von Joan Miró (rechts). Hafenanlagen und Containerterminal von Ludwigshafen – einer der bedeutendsten deutschen Binnenhäfen (rechte Seite).

Facetten einer Industriestadt

Ludwigshafen ist BASF, und BASF ist Ludwigshafen, eine Synthese also. Bestimmt drängt sich da manchem Reisenden die Frage auf: Kann eine moderne Industriestadt überhaupt interessant für Touristen sein? Die Antwort lautet klar: Ja, Ludwigshafen hat durchaus einiges in Sachen Kunst und Kultur, aber auch Gastronomie und Unterhaltung zu bieten.

Im Jahr 1853 wurde Ludwigshafen gegründet und nur sechs Jahre später bereits zur Stadt erhoben. Der Aufstieg der Stadt erfolgte rasch und hängt mittelbar mit dem Unternehmen BASF – Badische Anilin- & Soda-Fabrik – zusammen. Weil in Mannheim nicht genügend Platz zur Verfügung stand, wich Firmengründer Friedrich Engelhorn mit seiner chemischen Fabrik auf die andere Rheinseite aus. Schon lange ist BASF der weltgrößte Chemiekonzern mit Fabriken in zahlreichen Ländern, Ludwigshafen nur noch ein Standort von vielen. Ludwigshafen ist mit 160 000 Einwohnern die größte Stadt der Pfalz. Der BASF verdankt die Stadt leider auch ihre Bombardierung im Zweiten Weltkrieg. Nach dem Krieg wurde die Stadt modern aufgebaut, eine Autobahn durchpflügt das Stadtgebiet.

Im Zeichen der Chemie

Ludwigshafen lebt von seiner Modernität. Verwaltung, Verkehr und Kommerz bedürfen moderner Bauten. Die BASF-Werke haben ihre eigene Geschichte, ihre Modernisierungswellen, die an den Gebäuden und Werksstraßen abzulesen sind. Schon früh baute die BASF für ihre Arbeiter Siedlungen, die zu ihrer Zeit vorbildlich waren. Dazu gehört auch Hemshof, das sich inzwischen zu einem Szeneviertel mausert.

Ludwigshafen und seine Vororte können vor allem einige interessante Kirchenbauten vorweisen: Oggersheim etwa die Loretokapelle aus kurfürstlichen Zeiten. Für Ludwigshafen selbst errichtete der Weinheimer Architekt Heinrich Hübsch die Ludwigskirche, die nach den Kriegszerstörungen nach Entwürfen des Künstlers Emil Wachter rekonstruiert wurde.
Ein großartiges Museum erhielt die Stadt eher zufällig. Wilhelm Hack, ein Nylonproduzent aus Köln und gleichzeitig Kunstsammler, suchte für seine Sammlung der klassischen Moderne einen Ort. Bedingung war ein angemessener Museumsbau. Das konnte Ludwigshafen zusagen. Das größte Kunstwerk des Museums ist seine Außenwand, für die der katalanische Künstler Joan Miró den Entwurf lieferte.

WEITERE INFORMATIONEN

www.ludwigshafen.de

Ein Blick ins Museum für Weinkultur im Historischen Rathaus von Deidesheim (oben).
Die Burgruine Trifels über Annweiler bei Nacht (Mitte).
Die spätgotische Stadtpfarrkirche St. Ulrich in Deidesheim (unten).

Register

Das 333 Meter lange Gradierwerk (Saline) ist ein Teil der Kuranlagen von Bad Dürkheim (oben).
Kulinarische Genüsse in altem Gemäuer: das Traditionsgasthaus Gäßbock in Annweiler (Mitte).
Historische Weinpresse am Deutschen Weintor in Schweigen-Rechtenbach (unten).

In gleicher Reihe erschienen ...

ISBN 978-3-7654-8966-2

ISBN 978-3-7654-8968-6

ISBN 978-3-7654-8973-0

BRUCKMANN
www.bruckmann.de

Impressum

Verantwortlich: Dr. Birgit Kneip, Stephanie Iber
Lektorat: Rosemarie Elsner, München
Korrektorat: Anke Höhne, München
Layout: Andreas Kubin, Bad Tölz
Umschlaggestaltung: Ralph Hellberg, München
Kartografie: Thomas Vogelmann, Mannheim
Repro: Repro Ludwig, Zell am See
Herstellung: Bettina Schippel
Printed in Italy by Printer Trento.

★★★★★

Sind Sie mit diesem Titel zufrieden? Dann würden wir uns über Ihre Weiterempfehlung freuen.
Erzählen Sie es im Freundeskreis, berichten Sie Ihrem Buchhändler oder bewerten Sie bei Onlinekauf.
Und wenn Sie Kritik, Korrekturen oder Aktualisierungen haben, freuen wir uns über Ihre Nachricht an Bruckmann Verlag, Postfach 40 02 09, D-80702 München oder per E-Mail an lektorat@verlagshaus.de.

Unser komplettes Programm finden Sie unter

www.bruckmann.de

Alle Angaben dieses Werkes wurden von den Autoren sorgfältig recherchiert und auf den neuesten Stand gebracht sowie vom Verlag geprüft.
Für die Richtigkeit der Angaben kann jedoch keine Haftung übernommen werden.

Bildnachweis:
Alle Bilder im Innenteil und auf der Umschlagrückseite stammen von der Bildagentur Picture-Alliance, Frankfurt a.M., außer:
Ernst Wrba, Wiesbaden: S. 6/7, 8, 9 M., 9 u., 10 u., 12 u., 13 o., 13 u., 15 u.r., 18/19, 28 M., 28 u., 37 o.l., 37 u., 39 o., 39 u.l., 39 u.r., 50 o., 50 u., 55, 64 u., 83 u., 90 u., 91 u.; Bildagentur Huber, Garmisch-Partenkirchen: S. 11 o., 76 o., 76 u.l., 76 u.r., 77 (Gräfenhain), 23 (Schmid, R.); mauritius images, Mittenwald: S. 24, 37 o.r., 42 o., 44 u., 51 u., 58 u.l., 60 u., 65 o.l., 65 o.r., 69, 74 o., 75, 86 u. (Alamy), 41 (Bäck. C.), 32 o.r. (Bäck, M.), 34 o. (Bartel, H.), 25 u., 30 o., 30 u., 31 o., 31 u., 32 u., 33 u., 34 M., 34 u.l., 34 u.r., 35 o., 36 u., 41, 59 o., 59 u.l., 59 u.r., 65 u. (imageBROKER); Shutterstock (www.shutterstock.com): S. 43 o. (Villar, H.).

S. 5: Figur auf dem St.-Georgs-Brunnen in Speyer
S. 6/7: Im Naturpark Pfälzerwald sieht man oft Schafherden weiden.
S. 94/95: Der Dom zu Speyer wirkt aus jeder Perspektive monumental.

Umschlag:
Vorderseite oben: Die idyllische Altstadt von Neustadt an der Weinstraße (mauritius images/Bäck, C.)
Vorderseite unten: Herbstlich gefärbte Weinberge bei Weyher im Pfälzerwald (Bildagentur Huber/ Schmid, R.)

Rückseite:
Oben (v. l. n. r.): Fast schon Klein-Venedig: die Altstadt von Annweiler; Schild einer Weinstube in Rhodt unter Rietburg; Karl-Werner Beisel pflückt im Kakteenland in Steinfeld die Früchte eines Melocactus (Wrba, E.).
Unten: Kutschfahrt zwischen den Weinbergen.

Die Deutsche Nationalbibliothek verzeichnet diese Publikation in der Deutschen Nationalbibliografie; detaillierte bibliografische Daten sind im Internet uber http://dnb.d-nb.de abrufbar.

© 2015, Bruckmann Verlag GmbH

ISBN 978-3-7654-8971-6

Ebenfalls erhältlich

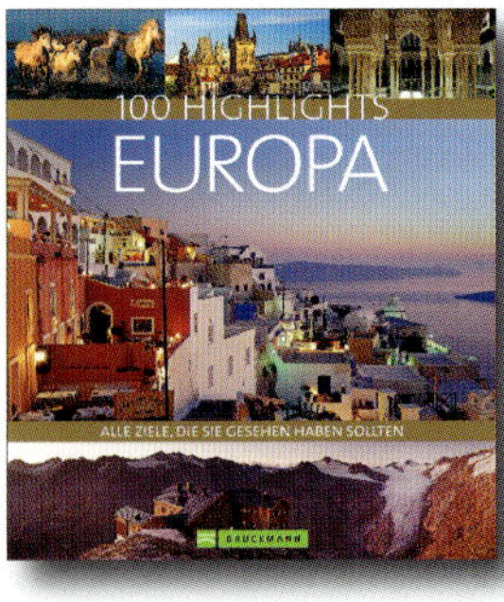

ISBN 978-3-7343-0146-9

ISBN 978-3-7343-0332-6

ISBN 978-3-7654-8374-5

ISBN 978-3-7654-8783-5

ISBN 978-3-7654-8224-3

ISBN 978-3-7654-5214-7

Highlights Andalusien
978-3-7654-5599-5

Highlights Barcelona
978-3-7654-8222-9

Highlights Bayern
978-3-7654-6777-6

Highlights Berlin
978-3-7654-5871-2

Highlights Brasilien
978-3-7654-6121-7

Highlights Chile · Argentinien
978-3-7654-6031-9

Highlights China
978-3-7654-4830-0

Highlights Deutschland
978-3-7654-6794-3

Highlights Dresden
978-3-7654-6776-9

Highlights Englands Süden
978-3-7654-5597-1

Highlights Frankreich
978-3-7654-5368-7

Highlights Gardasee
978-3-7654-6772-1

Highlights Hamburg
978-3-7654-5831-6

Highlights Israel
978-3-7654-5598-8

Highlights Istanbul
978-3-7654-6180-4

Highlights Japan
978-3-7654-6495-9

Highlights Kanada
978-3-7654-4760-0

Highlights Karibik
978-3-7654-4869-0

Highlights Kuba
978-3-7654-5596-4

Highlights London
978-3-7654-5835-4

Highlights Mallorca
978-3-7654-5465-3

Highlights Namibia
978-3-7654-6026-5

Highlights Neuseeland
978-3-7654-4750-1

Highlights New York
978-3-7654-5751-7

Highlights Norwegen
978-3-7654-4827-0

Highlights Oman & Dubai
978-3-7654-6032-6

Highlights Paris
978-3-7654-5753-1

Highlights Peru
978-3-7654-5436-3

Highlights Portugal
978-3-7654-5533-9

Highlights Rom
978-3-7654-5752-4

Highlights Russland
978-3-7654-5600-8

Highlights Schweden
978-3-7654-4973-4

Highlights Schweiz
978-3-7654-5872-9

Highlights Sizilien
978-3-7654-5880-4

Highlights Skandinavien
978-3-7654-6119-4

Highlights Südtirol
978-3-7654-6775-2

Highlights Sylt
978-3-7654-6179-8

Highlights Thailand
978-3-7654-5863-7

Highlights Toskana
978-3-7654-5843-9

100 Highlights Kanada
978-3-7654-8780-4

100 Highlights USA
978-3-7654-8227-4

Highlights USA Der Westen
978-3-7654-5758-6

Highlights Vietnam
978-3-7654-5144-7

Highlights Die Welt
978-3-7654-6120-0

Welterbe – Deutschland, Österreich, Schweiz
978-3-7654-8402-5

BRUCKMANN
www.bruckmann.de